集团标准化管理体系

—— 详细解读企业的集团发展

王林林 编著

 北京邮电大学出版社
www.buptpress.com

内 容 简 介

本书以 RT 集团优秀管理实践案例为基础，为读者介绍了以"激发活力、提高效率、防控风险"为导向的，"管控体系＋工作指引＋运营监管"三位一体的集团标准化管理体系。其中，管控体系包括管理蓝图、管控模式、权限手册、审批流程、审批电子化；工作指引包括工作职能、工作流程、工作表单、工作制度；运营监管包括经营分析、会议跟踪、日常运行、内控管理、审计管理。

本书以生动的实践案例，配以大量的实用工作图表，完整、系统地介绍了集团标准化管理体系，希望对集团化企业快速完成标准化管理建设，提高管理水平有所帮助。本书适合集团管理人员或对集团管理感兴趣的读者阅读。

图书在版编目(CIP)数据

集团标准化管理体系：详细解读企业的集团发展 / 王林林编著. ーー北京：北京邮电大学出版社，2020.4(2022.7 重印)

ISBN 978-7-5635-6004-2

Ⅰ．①集… Ⅱ．①王… Ⅲ．①企业集团—企业管理—标准化管理 Ⅳ．①F276.4

中国版本图书馆 CIP 数据核字(2020)第 040447 号

策划编辑：姚　顺　刘纳新　　责任编辑：廖　娟　　封面设计：柏拉图

出版发行：	北京邮电大学出版社
社　　址：	北京市海淀区西土城路 10 号
邮政编码：	100876
发 行 部：	电话：010-62282185　传真：010-62283578
E-mail：	publish@bupt.edu.cn
经　　销：	各地新华书店
印　　刷：	北京九州迅驰传媒文化有限公司
开　　本：	720 mm×1 000 mm　1/16
印　　张：	10.25
字　　数：	164 千字
版　　次：	2020 年 4 月第 1 版
印　　次：	2022 年 7 月第 2 次印刷

ISBN 978-7-5635-6004-2　　　　　　　　　　　　　　　　　　　　定价：38.00 元

・如有印装质量问题，请与北京邮电大学出版社发行部联系・

前　　言

自从负责集团运营管理工作以来，我经常接到业务单位负责人的电话："王总，某某事情谁负责？""某某金额的采购走什么流程？""某某离职了，他负责的工作没人能接上了，因为资料都被带走了，怎么办？""某某邮件审批走流程两周了，怎么还没批完？"……

每天处理这样的事情占去了一半的工作时间，因为要静下心来听对方介绍详细情况，安抚他们的情绪，然后帮他们解决问题。关键是，同样的问题在不同的业务单位多次出现！

总结其问题，大体归为四类：一是管理体系不完整，管理功能缺失，各个部门之间工作界面划分模糊，职责不清晰，经常出现"缺位"和"越位"的问题；二是管理标准化建设不足，执行的规范性差，企业管理工作没有形成标准化制度与工作表单，管理过程与管理结果缺乏规范化记录文档；三是管理执行相信人治，忽视法治，人的精力都是有限的，人的特长也是定向的，不可能单靠一个人的力量来解决所有问题；四是运营监管不到位，经营风险大，很多管理问题没能扼杀在萌芽阶段，等问题暴露出来时，往往已经给企业带来了巨大的损失。

基于对以上问题的分析，我带领管理团队，以"激发活力、提高效率、防控风险"为导向，构建了"管控体系＋工作指引＋运营监管"三位一体的集团标准化管理体系，旨在通过体系、流程、表单、制度等手段，固化企业管理80%的工作。

该标准化管理体系在RT集团进行了推广实施，取得了极大的成果。一是通过绘制企业管理蓝图，优化了集团的管理架构，完善了管理职能；二是通过权限手册，明确了集团本部、业务单位之间的责权利，确定了各项流程的最终审批人；三是通过流程审批表、审批电子化明确了各类审批环节，实现电子化高效审批；四是通过编制各部门工作指引，规范了各部门的工作流程、表单、制度；五是通过运营监管体系，使集团总部能随时了解整个集团的运行状况，防控风险，优化改进。

本书是以RT集团优秀管理实践案例总结形成的，对于集团化企业管理更为适用，书中的思想、方法、工具可以直接应用，希望能对集团管理人员有所帮助。

由于作者知识与能力有限，书中错误与不当之处在所难免，敬请读者批评指正。

作　者

目 录

第1章 企业标准化管理体系建设思路 / 1

1.1 企业成功的三个要素 / 1

1.2 企业管理存在的普遍问题 / 3

1.3 企业标准化管理体系建设方案 / 4

1.4 案例企业：RT集团介绍 / 6

第2章 RT集团管控体系 / 8

2.1 企业管理蓝图 / 8

2.2 集团管控模式 / 12

2.3 权限手册 / 15

2.4 审批流程 / 19

2.5 流程审批电子化 / 24

第3章 RT集团战略管理工作指引 / 28

3.1 环境分析 / 28

3.2 竞争对手分析 / 31

3.3 企业资源与能力分析 / 32

3.4 目标市场选择 / 33

3.5 战略制定 / 34

第4章 RT集团业务部门工作指引 / 37

4.1 营销管理工作指引 / 37

4.2 项目管理工作指引 / 47

4.3 采购管理工作指引 / 60

第5章 RT集团支撑部门工作指引 / 67

5.1 人力资源管理工作指引 / 67

5.2 财务经营管理工作指引 / 87

5.3 行政管理工作指引 / 104

5.4 IT管理工作指引 / 118

5.5 资质管理工作指引 / 126

第6章 RT集团运营监管体系 / 130

6.1 经营分析 / 130

6.2 会议跟踪 / 140

6.3 日常运行 / 142

6.4 内控管理 / 144

6.5 审计管理 / 153

第1章 企业标准化管理体系建设思路

1.1 企业成功的三个要素

每一位企业家都会关注一个问题:成功企业的奥秘是什么？托尔斯泰曾经说过:"幸福的家庭都是一样的,不幸福的家庭各有各的不幸。"用这句话形容各个企业再合适不过了。华为任正非将企业成功的关键总结为三点:战略架构、精细管理、狼性文化;联想柳传志总结管理的三要素:搭班子、定战略、带队伍。通过对众多行业成功企业的跟踪,作者发现成功的企业基本都遵循相似的规律,即能够实现可持续增长的企业必须具备三个成功要素:战略、人才、管理。

(1)战略

企业战略是指企业根据环境变化,依据本身资源和实力选择适合的经营领域和产品,形成自己的核心竞争力,并通过差异化在竞争中取胜。战略要明确企业的发展方向、发展目标以及实现目标的路径。

关于战略,酷6的创始人李善友教授提过"战略狗屁论"。李善友去中欧商学院讲课,教大家如何成功创业,他在中欧创业营上讲到:"如果企业经营成功了,狗屁都是战略;如果企业经营失败了,战略就是狗屁。"凯洛格咨询王成分析了"战略狗屁论",指出"战略狗屁论"反映了战略以成败论英雄的残酷现实,以及战略赶不上变化的无奈,然而,其最大的问题是没有将战略视为一个快速学习的过程。

王成把战略分为三类:事前规划的战略、事后总结的战略,以及处于这两个之间的"自发涌现的战略"。以微信为例,从微信成长史来看,微信其实是腾讯内部的"自发涌现的战略",还险些在内部被扼杀掉,在腾讯总部以及马化腾眼中,并没有对微信进行过严肃科学的事前规划,即使是"微信之父"张小龙,也没有在事前对微信进行过准确定义。

卓越企业的最佳行动一部分来自有远见且严谨的战略规划,另一部分则来自实验、尝试错误和机会主义。将战略划分为三类,其实是提醒企业家,在战略执行过程中需要保持开放的心态,鼓励依据变化创新而得的自发涌现的战略,在审慎规划、临时应变、鼓励创新之间求取平衡。如果一个企业始终坚持事前规划的战略,放弃根据外部环境和竞争态势的变化进行快速调整和学习,这可能导致企业经营失败。

(2) 人才

诚如《天下无贼》中葛优所说:"21世纪什么最宝贵?人才!"人才指具有一定的专业知识或专门技能,能够胜任岗位能力要求,进行创造性劳动并对企业发展做出贡献的人,是人力资源中能力和素质较高的员工。人才包括经营人才、管理人才、技术人才和技能人才。

人才对于企业的重要意义已不需要赘述,成功企业无一例外都高度重视人才工作。然而,诚如战略没有统一的范式一样,人才也很难形成统一的成功管理范式,不同企业由于所处环境、竞争态势的差异,在人才的选、育、用、留方面,都形成了各自不同的人才观。

阿里巴巴马云认为:人才是可以培养出来的。什么是"培"?"培"就是关注他,但不能天天关注他,因为一棵树水多了死,水少了也会死,如何关注也是艺术。什么是"养"?就是给他失败的机会,给他成功的机会,你要看看,不要让他"伤筋动骨",不能让他一辈子喘不过气来。

华为任正非关于人才有三句经典言论:一个人不管如何努力,永远也赶不上时代的步伐,更何况在知识爆炸的时代。只有组织起数十人、数百人、数千人一同奋斗,你站在这上面,才摸得到时代的脚。也许是我无能、傻,才如此放权,使各路诸侯的聪明才智大发挥,成就了华为。

联想柳传志指出:只有在赛马中才能识别好马。联想对人才采取在赛马中相马的策略,这包含三方面的含义:要有跑道,即为人才提供合适的岗位;要有跑道的划分,不能乱哄哄地挤作一团,必须引导他们有序地竞争;要制定比赛规则,即建立起一套较为科学的绩效考核和奖励评估体系。企业的人才培养是一个动态过程,是一个实践到认识到再实践到再认识的过程。最好的认识人才和培养人才的方法就是让他们去做事。只有在赛马中才能识别好马,才能发现千里马。

(3) 管理

管理是指企业充分整合企业内外的人才、资金、市场、技术、政策等资源,通过对企业经营活动的计划、组织、领导、控制,达成企业既定目标的过程。

企业家决定企业的战略方向,决定做正确的事,管理是要通过资源要素的整合和管理标准化体系的建立提升工作的效率,即以更高效的方式实现结果。因此,管理的本质是提高效率,而管理的最高境界是不用管理。

管理标准化是提升管理效率,降低管理成本,推进管理体系化与规范化的重要手段。管理标准化是指以获得企业的最佳生产经营秩序和经济效益为目标,对公司生产经营活动范围内的重复性事物和概念,制定共同的和重复使用的规则,使之成为公司运行的根本。

本书以作者领导的管理团队展开的 RT 集团标准化管理体系建设最优实践为基础,展示 RT 集团标准化管理体系建设成果,以期能为其他企业标准化管理建设提供有意义的借鉴。

1.2 企业管理存在的普遍问题

当前,大部分企业存在管理低效的问题,突出表现为以下四点。

(1) 管理体系不完整,管理功能缺失

企业缺乏高层次管理人才对其进行管理体系的宏观架构,容易造成某些功能的缺失,也不利于各管理部门更准确地找准自己的位置,会出现部门之间工作界面划分模糊,职责不清的情况,即企业经常出现的"缺位"和"越位"的问题。

(2) 管理标准化建设不足,执行的规范性差

企业管理工作没有形成标准化制度与工作表单,管理过程与管理结果缺乏规范化记录文档。每一任管理者都根据自己的理解开展管理工作,形成的管理过程与管理结果资料以各种形式分散在不同的人员手中。一旦出现管理者更替,后任管理者接手的可能是一片空白,或者是一堆零散的资料,无法实现管理工作的连续性,也极大地降低了管理效率。更严重者,由于一些关键资料的丢失,还可能造成相当大的损失。

(3) 管理执行相信人治,忽视法制

企业依靠人治创业成功,相信人才的力量,进而也强化了这种认知,认为一个高端管理人才能解决所有的问题,这是错误的。人的精力是有限的,人的特长也是定向的,能文能武的全才是可遇而不可求的,管理工作是系统性工作,不可能单靠一个人的力量来解决所有问题。要实现有条不紊的管理必须依托流程、制度实现法制化管理,将管理中80%的问题固化,剩余的20%相对模糊、容易产生矛盾冲突的问题交由管理者,依托他们的智慧予以解决,这才是比较理想的管理状态。

(4) 运营监管不到位,经营风险大

管理工作是一个不断完善改进、螺旋式上升的过程,管理体系的建设不可能一蹴而就。企业需要构建全方位的管理体系,也需要构建扎实的运营监管体系。监管不到位是当前企业普遍存在问题,千里之堤,溃于蚁穴,由于监管的缺失,很多管理问题没能扼杀在萌芽阶段,等问题暴露出来时,往往已经给企业带来了巨大的损失。

1.3 企业标准化管理体系建设方案

本管理团队经过多年研究,总结了企业标准化管理体系(如图1-1所示)。企业标准化管理分为三个部分:管控体系、工作指引、运营监管。管控体系包括管理蓝图、管控模式、权限手册、审批流程、审批电子化;工作指引包括工作职能、工作流程、工作表单、工作制度;运营监管包括经营分析、会议跟踪、日常运行、内控管理、

第1章 企业标准化管理体系建设思路

审计管理。各模块具体的任务如表1-1所示。

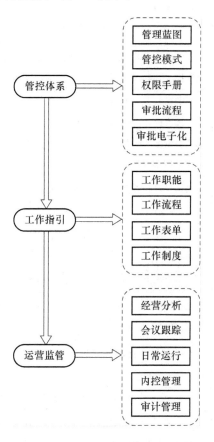

图1-1 企业标准化管理体系建设图

表1-1 企业标准化管理体系建设任务

工作分类	工作项目	工作任务	产出物
管控体系	管理蓝图	从企业全局层面构建管理概念体系,划分管理功能模块,明确管理功能模块之间的关系	企业管理蓝图
	管控模式	确定企业集团管控模式,基于管理蓝图明确各管理功能模块在企业各层级的主导关系	企业管控体系图

续表

工作分类	工作项目	工作任务	产出物
管控体系	权限手册	基于管控体系,确定各部门的主要工作流程,明确流程控制节点,确定企业各层级的审批权限	权限手册
	审批流程	基于权限手册,确定企业各类事务、财务、合同等具体审批流程,确定流程审批节点	流程审批表
	审批电子化	依据流程审批表,实现流程审批电子化,提高审批效率	审批系统
工作指引	工作职能	根据管理蓝图确定的功能模块,细分每个功能模块下的工作职能点	部门职责
	工作流程	基于工作职能点,明确各项工作职能的主要工作流程	工作流程
	工作表单	基于工作流程,形成工作过程与工作结果记录表单	工作表单
	工作制度	基于工作职能,确定各项工作过程以及结果的行为规范,形成工作制度	工作制度
运营监管	经营分析	从财务、人力资源、营销、生产等四个方面进行月度经营数据分析	经营分析报告
	会议跟踪	跟踪集团、管理部门、经营单位各周期性会议	会议纪要
	日常运行	从职能部门入手,确定公司日常运行监控数据,形成日常运行监控机制	日常运行报告
	内控管理	确定内控检查点,定期检查制度情况,完善制度	内控报告
	审计管理	依据公司各项规章制度,定期或者不定期展开专项检查	审计报告

1.4 案例企业:RT集团介绍

RT集团成立于2007年,总部位于上海,在职教、数字出版等领域深耕细作,历经10年发展,形成了辐射全国的产业格局,在上海、北京、无锡、盐城、镇江设立多家子集团、子公司,在镇江建有国家级数字出版产业园,拥有各类专业人才800多人和国内外客户800多家。RT集团定位:利用科技与互联网为企业、教育培训机构、出版业赋能的教育科技企业。RT集团下设三个业务板块:RT职教、RT出版、RT产业园。

第2章　RT集团管控体系

2.1　企业管理蓝图

企业管理蓝图是指企业管理职能的结构以及运转体系,本管理团队为RT集团构建了管理蓝图,如图2-1所示。企业作为一个大系统,包括六个子系统:战略管理系统、价值创造系统、支撑管理系统、运营管理系统、界面管理系统、人才资产系统。六个系统相互关联,形成了完整的企业有机生命体,下面针对每个系统进行阐述。

(1)战略管理系统

战略管理系统于企业犹如神经系统于生命体,神经系统负责传递、储存和加工信息,产生行动,支配生命体的全部行为。战略管理系统与之相似,它是由企业主要负责人、董事会成员、高层管理者等成员构成,以董事会、战略管理委员会、公司高层会、战略协调会等不同的形式呈现,旨在分析宏观环境的机遇与挑战,分析竞争对手的现状与趋势,分析企业自身相对竞争对手的优势与劣势,进而确定企业的战略。战略包括发展目标、实现目标的主要路径、战略资源的配置。在战略制定的基础上,企业要确定实施战略的组织架构以及主要部门负责人。

第2章 RT集团管控体系

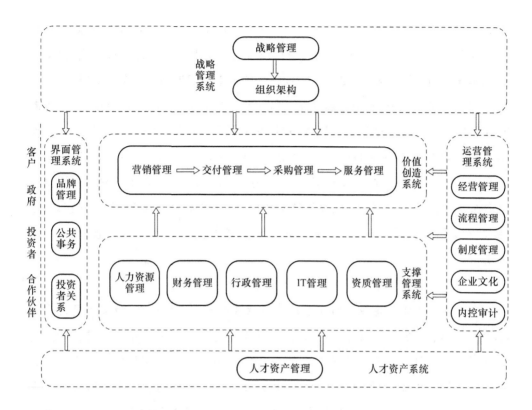

图 2-1 企业管理蓝图

战略管理系统中战略管理模块具体工作职能包括：环境分析、竞争对手分析、企业资源与能力分析、目标市场选择、战略制定；组织架构模块具体工作职能包括：管控模式选择、组织架构设置、核心岗位人员配置。

（2）价值创造系统

价值创造系统于企业犹如运动系统与消化系统于生命体，运动系统负责寻找机会，获取食物；消化系统负责实现食物向能量的转化，进而创造有利于生命体的价值。企业存在的意义是通过为客户提供产品与服务进而为客户创造价值。因此，价值创造是企业的使命。企业通过为客户创造价值获得回报，进而提升企业自身价值。价值创造系统由主要业务部门构成，包括营销、交付、采购、服务部门，这四个部门构成了价值挖掘、价值创造、价值交付整个链条，是企业经营的核心部门，其他部门的工作都要围绕价值创造系统展开。在传统职能型管理模式下，营销与交付分属于前台和后台,一般在企业中由同级别的不同高管分开管理,在之上再由更高层管理者统筹协调。目前,在部分企业,为了实现前后台的有机合作,保证价值创造系统行动的一致性,也会由一位高管整体直接管理销售与交付部门。

价值创造系统中,营销管理模块具体工作职能包括:客户关系维系、营销策略确定、营销计划制定、销售工作流程、营销活动控制、营销结果分析;交付管理模块具体工作职能包括:项目售前、项目报价、项目立项、项目跟踪、项目交付验收、项目结项、项目售后、质量保障、变更管理、配置管理、交付结果分析;采购管理模块具体工作职能包括:项目采购计划、项目询价计划、项目询价、供应商管理、合同管理;服务管理模块具体工作职能包括:客户分级管理、客户满意度、客户投诉管理、客户需求管理。

(3) 支撑管理系统

支撑管理系统于企业犹如呼吸系统与脉管系统于生命体,呼吸系统是负责吸纳对生命体有益的氧气,排出对生命体无益的二氧化碳;脉管系统负责将消化系统产生的营养和呼吸系统的氧气传送到各个组织,并将组织代谢物带回。这正如企业中的支撑管理部门,负责从企业外寻找人才、资金、行政、资质、IT等资源供给企业,传递给企业各个部门,然后将企业运行中淘汰的产出物带出企业。支撑管理系统包括人力资源管理、财务管理、行政管理、资质管理、IT管理等。

支撑管理系统中,人力资源管理模块具体工作职能包括:人力资源规划、招聘与录用、薪酬与福利管理、绩效管理、员工关系管理、员工培训管理、人力资源数据分析;财务管理模块具体工作职能包括:资金管理、应收账款管理、应付账款管理、固定资产管理、税务管理、预算管理、财务报表、会计科目、财务评价;行政管理模块具体工作职能包括:会议、接待、大型活动、车辆管理、物品库存管理、档案管理、日常事务管理;资质管理模块具体工作职能包括:资质类别、资质申请、资质管理、资质维护;IT管理模块具体工作职能包括:IT资产管理、网络管理、信息安全、IT采购管理。

(4) 运营管理系统

运营管理系统于企业犹如内分泌系统于生命体,内分泌系统是身体的重要调节系统,与神经系统相辅相成,调节有机体成长发育,维持体内环境稳定,并影响行为。这与运营管理系统职能相似,保证企业运营与发展战略一致,保障企业经营的稳定性。运营管理系统是由保障公司日常运营的各个职能构成,包括经营管理、流程管理、制度管理、企业文化、内控审计等。经营管理是对企业下属各单位经营状况进行数据核算与监控;流程管理保障各类审批流程的运行;制度管理保障各项工作有法可依;企业文化是从精神层面保障公司的日常运营;内控审计从运营监督角度保障公司健康运营。

运营管理系统中,经营管理模块具体工作职能包括:经营分析指标体系、经营分析数据收集、经营分析报告;流程管理模块具体工作职能包括:权限手册、流程审批表、流程电子化;制度管理模块具体工作职能包括:制度编写、制度规范、制度发布、制度存储、制度梳理;企业文化模块具体工作职能包括:企业发展理念、员工价值观、员工手册、VI设计、形象文化宣传、企业文化活动;内控审计模块具体工作职能包括:审计体系、审计制度、审计检查、审计整改。

(5) 界面管理系统

界面系统于企业犹如感觉系统于生命体,感觉系统通过视觉、听觉、触觉、味觉、嗅觉感知环境,做出调整以适应环境。企业界面管理系统亦旨在实现企业与外部的政府、社会、公众建立良性的互动关系。界面管理系统是由与企业外部主要相关群体接触的部门构成,包括品牌管理、公共事务、投资者关系。品牌管理要推广企业的品牌理念,塑造企业的品牌形象,为业务部门提供品牌支持;公共事务要加强与政府、社会的公共关系,营造良好的外部环境,积极申报各类政府项目,获得政府支持;投资者关系一般由投资管理部负责,维系银行、机构、个人、股民等不同的投资者。

界面管理系统中,品牌管理模块具体工作职能包括:企业品牌形象、企业网站、微信号、热线、企业宣传资料、百度推广、网络推广、媒体推广、活动推广;公共事务模块具体工作职能包括:政府关系、媒体关系、政府项目申报、社会公益、危机管理;投资者关系模块具体工作职能包括:投资者宣传材料、投资者报告、投资者考察、投融资活动等。

(6)人才资产系统

人才资产系统从广义上讲属于支撑管理系统,但其具有重要意义,因此需要作为一个独立系统看待。人才资产系统于企业犹如循环系统的心脏于生命体,心脏提供生命体的动力,拥有一颗健康的心脏是保证生命体具有生机活力的根本。人才资产系统于企业也是如此,核心人才是企业的重要资产,是企业高效运转、超越经营目标的根本。

目前,部分企业将人事管理与人才管理职能分开,人事管理侧重于员工招聘、录用、培养、绩效与薪酬、日常管理等常规性工作,而人才管理更聚焦核心人才的"引、用、育、留",人才资产管理模块具体工作职能包括:人才类别、人才评价、人才档案、人才报告、人才激励等。

上述六个子系统构成了企业管理蓝图,六个子系统的功能不可缺失。不同企业处于不同发展阶段,对六个子系统中不同功能的重视程度会体现出差异,但仍须建立宏观系统的管理体系,唯如此,才能使我们的管理决策有的放矢。该管理蓝图的构建是希望管理者在脚踏实地解决具体管理问题之余,也能停下脚步,仰望天空,在认识的高度上有所提升。

2.2 集团管控模式

▶ 管控模式

对于集团型企业,在经营管理活动中,集团总部通过分权与管控的方式实施管理。根据分权的程度,集团内部呈现出多种不同的管理形式。研究学者在总结现有集团管控的基础上,抽象出三种管控模式:财务型管控、战略型管控、运营型管控。基于RT集团管理蓝图,我们确定了三种管控模式下的分权与控制范围,如表2-1所示。基于RT集团实际情况,最终选择战略型管控模式作为RT集团管控的主要应用模式。

表 2-1　集团管控模式

功能定位		管控模式		
		财务型管控模式	战略型管控模式	运营型管控模式
集团总部功能	核心功能	财务/资产管理 股权管理 管理者监控	财务/资产管理 股权管理 管理者监控	财务/资产管理 股权管理 管理者监控
	重要功能		战略管理 行政管理 人力资源管理 品牌管理 公共事务 IT管理 资质管理 运营管理 内控审计	战略管理 行政管理 人力资源管理 品牌管理 公共事务 IT管理 资质管理 运营管理 内控审计 经营计划 营销管理 交付管理 采购管理 服务管理
集权/分权模式		分权	集权与分权结合	集权

1) 财务型管控模式

财务型管控是指母企业主要通过财务控制的方式对子企业进行管理。这一管控模式被称为分权型的管控模式,在这种模式下,母子企业在集团中的管理关系仅仅被看作资本关系,子企业具有独立的经营管理自主权,集团管理权责分配符合法定的权力范围。这种集团管控模式的主要特征包括以下三点。

(1) 母企业负责制定集团的财务管理制度,下属企业的财务管理制度应符合集团财务管理制度的要求和规范,母企业以财务制度实施对子企业财务管理的指导和影响。

(2) 母企业对子企业的财务结果指标进行监督和考核,通过董事会或者审计部门发挥控制作用。

（3）母企业对子企业派出财务管理人员，通过对财务人员的选聘、监督和考核，实现对下属企业的财务控制。

现实中，单纯的财务型管控模式是不存在的，这是一种理想状态，因为企业构建集团的目的是通过部分业务的集中管理获得规模效应，单纯的财务管控只能表示母企业对子企业的股权管理关系，不能发挥集团的整合规模效应。

2）战略型管控模式

战略型管控是指母企业通过决定集团和子企业的战略，实现对集团经营管理活动的控制。这种管理模式被称为集权与分权相结合的管控模式，这种模式的主要特点有以下三点。

（1）母企业是整个集团的战略决策中心，子企业的经营战略紧紧围绕集团的战略展开。

（2）母企业是集团的财务管理决策中心，负责组织编制集团的财务预算和计划，子企业的财务预算和计划是对集团任务的分解，母企业对子企业的各项财务管理实行直接决策或者控制。

（3）母企业是集团的行政管理中心、人力资源管理中心、品牌管理中心、公共事务中心、IT管理中心、资质管理中心、运营管理中心、内控审计中心，负责制定全集团的各项管理规章制度，制订年度工作计划，指导、监督子企业在各项工作方面的执行情况。

战略型管控模式相比财务型管控，集团全面介入管理工作，从管理蓝图看，包括了支撑管理职能、运营管理职能和界面管理职能，与运营型管控模式的最大区别是不直接干预子企业的业务运营，即不介入价值创造职能。

3）运营型管控模式

运营型管控是一种高度集权的管控模式，即集团实行集中决策、集中经营。母企业负责对企业集团内所有事项进行决策并组织实施，在这一模式下，母企业对子企业的经营管理授权最小，子企业只承担执行的职责，这种模式的特点是：母企业除了介入各项管理工作，还全面介入业务运营，包括经营计划制订、营销管理、交付管理、采购管理、服务管理等。这种模式下，子企业只是作为母企业的分支机构，接受母企业的授权，承担授权范围内的经营责任。实际上，我们发现，虽然这种管控模式使企业集团具有较强的控制力,但往往是以牺牲经济利益和效率目标为代价的。

▶ **管控模式选择依据**

现实中,以上三种管控模式往往在同一个企业集团中同时存在,即集团企业对不同类型的企业采取不同的管控模式。我们很难给出一个相对标准化的确定管控模式的方法,本管理团队确定RT集团管控模式时主要考虑以下三个因素。

1)母企业负责人的意愿

母企业负责人通过何种途径控制子企业会影响管控模式的选择,可能是通过资本关系,也可能是通过个人魅力;如果一个企业负责人通过个人魅力,以精神领袖的身份足以影响与控制子企业,他可能会相对弱化通过其他管理方式实现控制。实现母企业对子企业的影响与控制是所有母企业的追求,也是企业主要负责人的责任,因此,母企业负责人的意愿是非常重要的影响因素。

2)子企业的管理能力

不同的管控模式意味着给子企业不同程度的分权,这需要考虑子企业的管理能力,即子企业是否具备承担这些管理权力的能力。子企业经营管理能力越差,其获得的经营管理权越小,总部管控的事项就越多。

3)子企业协作的必要性

企业集团化的目的是为了实现规模经济效应,即1+1>2,实现该效应需要集团子企业之间存在协作的可能性与必要性。同样,集团管控模式的选择也是要以提高企业整体管理效率为目标,如果集团子企业之间在管理上存在协作的必要性,那么就应该加强母企业集中管理,否则,就应该更多的放权给子企业,调动子企业的积极性。

2.3 权限手册

为了明确管理权限以及主要业务流程,大型企业,特别是集团型企业需要制定权限手册,权限手册是流程管理的基础和参考依据,它界定了全集团各部门、集团本部和子企业的管控关系。

权限手册设定每一项主要业务流程的活动权限,权限一共分为以下五种。

1) 发起

发起指业务需求的发起人或经办人,一般情况下,发起人不仅要提出需要进行的某项工作事项,而且要提出初步解决方案,或根据集团管理的要求编制相关文件。

2) 咨询

一般指提案或审核事项的协办部门,基于职责对某一方面或某一环节的具体工作提出意见或建议,并不参与具体审核。

3) 审核

审核指对制度、方案或计划从内容、形式上进行审阅并提出意见的过程,有待后一环节决定。

4) 批准

批准指对某一类事项做出最终决定,对执行结果负全责。一般指审批事由的最高管理者或专业小组,负责对审批事由具体内容的审查、批示(审批后的事项按审批意见予以执行)。

5) 备案或抄送

备案或抄送指决定或文件下发时,须让相关岗位知悉或报备,以便备查。

RT集团总部与下属子集团之间采取的是以战略型管控为主的管控模式,集团总部和子集团权责划分上坚持如下指导思想:基于"战略型管控"模式的集分权指导思想,集团本部是战略投资决策中心、运营监控中心和支撑服务中心,子集团是利润实现主体、项目实施主体和人才培养主体。集团本部在实现有效管控的前提下尊重各经营主体的自主性,充分调动各层级人员的工作积极性和主观能动性。具体权限划分遵循如下原则。

(1) 战略、投资、财务、人力资源、行政、品牌等重要策划和监督管理权责集中,日常执行工作权责下放。

(2) 对那些经营风险大、对集团的业绩、品牌影响大的业务管理权责集中,经营风险小的业务管理权责下放。

(3) 对于履行期限长的权责集中管理,履行期限短或需要快速决策的权责下放。

表2-2是RT集团的《权限手册》中财务管理部分节选,供读者参阅。

表 2-2 RT 集团本部与子集团权限表（财务管理）

序号	关键工作事项	决策子项或条件	子集团					集团本部						
			相关职能中心	财务部	法务	财务负责人	总经理	相关职能中心	财务部	集团财务负责人	法务	资金管理负责人	分管财务高层	总裁
1	财务制度和流程编制和修订													
1.1	集团本部财务制度和流程文件	含会计核算、税务、印章、报销等制度	咨询						发起（编写）	审核			审核	
2	财务资金预算与调整													
2.1	集团本部周、月预算								发起	审核		审核		批准
2.2	子集团各公司周、月预算			发起		审核				审核		审核		批准
3	银行事务管理													
3.1	集团本部银行开（销）户管理								发起	审核		审核	批准	
3.2	子集团银行开（销）户管理			发起		审核				审核		审核	批准	
4	财务稽查与管理													
4.1	集团本部日常稽查和专项财务稽查								发起	审核			批准	
4.2	子集团日常稽查和专项财务稽查			发起		审核	批准			审核			批准	

续 表

序号	关键工作事项	决策子项或条件	子集团					集团本部						
			相关职能中心	财务部	法务	财务负责人	总经理	相关职能中心	财务部	集团财务负责人	法务	资金管理负责人	分管财务高层	总裁
5	税务管理													
5.1	集团税务筹划方案								发起				审核	批准
6	费用报销													
6.1	集团高层费用报销								审核				批准	
6.2	子集团高层费用报销			审核									批准	
6.3	集团员工费用报销							发起/审核	审核					
6.4	子集团员工费用报销		发起/审核	审核			批准							
7	合同审核													
7.1	集团财务类合同审核								发起	审核	审核			批准
7.2	子集团财务类合同审核			发起	审核	审核	批准							
7.3	集团融资类合同审核								发起					批准
7.4	子集团融资类合同审核			发起			批准							
8	证照章审核													
8.1	集团新增刻章/适用/外借/销毁							发起					批准	
8.2	子集团新增刻章/适用/外借/销毁		发起				批准							

2.4 审批流程

依据RT集团《权限手册》和审批流程表的标准格式和内容要求,本管理团队设计了《审批流程一览表》。在拟定过程中要充分考虑以下内容:

(1) 待制定、修订的审批流程的现状及存在问题。

(2) 待制定、修订的审批流程相关的内控要求。

(3) 待制定、修订的审批流程及公司其他流程、制度的相互关系,避免发生重复、冲突和抵触。

在具体进行流程设计时要遵循如下原则:

(1) 全员参与原则,流程涉及的各职能部门、岗位人员均有权和有责任对流程运行过程提出建议。

(2) 实用性原则,从集团运营实际出发制定流程,认真调查研究,确保流程的可执行。

(3) 关联性原则,从集团全局出发制定流程,避免流程间相互冲突。

(4) 持续优化原则,流程处在不断优化的过程中,随着集团不断地发展,流程也会相应发生变化。

《审批流程一览表》由集团本部及各子集团版本组成,发生变更时流程管理员须及时做出修改并更新版本号,并定期发布。企业的审批流程一般包括事务类审批、合同类审批、付款类审批、报销类审批,要明确每种审批的使用范围、审批流程、各个审批人角色。表2-3是RT集团下属RT职教子集团审批流程一览表,供读者参阅。

表 2-3 审批流程一览表

审批类别	审批内容	流程名称	经办人	复审1	复审2	复审3	复审4	复审5	复审6	复审7	复审8	复审9	复审10
							审批流程						
事务类审批	休假申请	钉钉	经办人	HRBP审核	经办部门主管(<3天的休假)	经办部门分管领导(3天≤天数<5天)	子公司总经理(天数≥5天)	子集团分管领导(天数≥5天)	抄送集团HRD(天数≥5天)				
	加班申请	钉钉	经办部门主管	HRBP	经办部门分管领导								
	出差、外出申请	钉钉	经办人	经办部门主管	经办部门分管领导								
	部门负责人(含)以上人员出差、外出申请	钉钉	经办人	直接上司									
	项目类采购审批(<5千)	项目采购	经办人(项目经理)	PMO负责人	经办部门主管	集团采购组执行							
	项目类采购审批(>5千)	项目采购	经办人(项目经理)	PMO负责人	经办部门主管	经办部门分管领导	子公司总经理	子集团分管领导(金额>3万)	集团采购组				
	行政类采购	IT类(非项目IT类)	经办人	经办部门主管	子公司总经理	区域行政总监	子集团分管领导(金额>3万)	集团IT组执行	集团采购组	集团行政部负责人(金额<1万)	集团管理中心负责人(1万≤金额<3万)		

续表

审批类别	审批内容	流程名称	经办人	复审1	复审2	复审3	复审4	复审5	复审6	复审7	复审8	复审9	复审10
事务类审批	私车公用、公车申请	行政类(非项目类如公用品、酒水、礼品等采购)	经办人	经办部门主管	子公司总经理	区域行政总监	子集团分管领导(金额>3万)	集团采购组	集团行政部负责人(金额<1万)	集团管理中心负责人(1万≤金额≤3万)			
	各类人事证明、人事材料调取	人事类资料审批	经办人	经办部门主管	经办部门分管领导	子公司总经理	人力资源部主管	人力资源部分管领导	人事资料管理员				
	各类财务证明、数据调取申请	财务类资料审批	经办人	经办部门主管	经办部门分管领导	子公司总经理	财务经理	CFO	子集团分管领导(信息披露类)	资料管理员			
	销售应标审批流程	销售应标审批	经办人	销售分管领导	职教子公司总经理	CFO(只审批其他类的应标)	资质和印章管理员						
	项目开票申请	开票申请	经办人	经办部门主管	经办部门分管领导	财务经理(<20万)	CFO(>20万)	财务出纳(执行)					
	新刻印章、印章外借带盖合同章	新刻印章、外借带盖合同章	经办人	经办部门主管	经办部门分管领导	财务经理	CFO	子公司总经理	印章管理员				
	合同章(管理类用章)	合同章	经办人	经办部门主管	经办部门分管领导	财务经理	印章管理员						

续 表

审批类别	审批内容	流程名称	经办人	复审1	复审2	复审3	复审4	复审5	复审6	复审7	复审8	复审9	复审10
事务类审批	合同章加盖申请	人事类用章	经办人	经办部门主管	经办部门分管领导	人事对接人（仅人事类）	印章管理员						
		和合同审批流程合并,在最后一个环节加"印章管理员"	经办人	经办部门主管	经办部门分管领导	子公司总经理	财务经理	印章管理员					
		项目类用章（现场盖章）	经办人	经办部门主管	子公司总经理	印章管理员							
		（印章外带）印章外带合同外的其他文件盖章	经办人	经办部门主管	职教财务部经理	印章管理员	财务经理	印章管理员					
		资源调用申请	调用发起人	发起部门负责人	被调用部门负责人	抄送PMO,财务							
合同审批	投融资类合同	投融资合同审批	经办人	经办部门主管	法务	财务经理	CFO	子集团总经理	合同编号	印章管理员	归档	
	项目类合同	项目类合同审批	经办人	PMO	交付中心主管	法务	财务经理	CFO（>50万）	子公司总经理	合同编号	印章管理员	归档
	渠道类合同	渠道代理协议	经办人	经办部门主管	品质部	法务	财务经理	CFO	子公司总经理	合同编号	印章管理员	归档

续表

审批类别	审批内容	流程名称	经办人	复审1	复审2	复审3	复审4	复审5	复审6	复审7	复审8	复审9	复审10
合同审批	行政/人事/财务类合同	管理类合同	经办人	经办部门主管	经办部门分管领导	法务	财务经理(<5万)	CFO(>5万)	子公司总经理	子集团总经理(>10万)	合同编号	印章管理员	归档
借款及付款审批	借款	借款审批	经办人	经办部门主管	会计	财务经理(<2万)	CFO(≥2万)	经办部门分管领导	财务出纳(执行)	子公司总经理	财务出纳(执行)		
借款及付款审批	项目类有合同付款	项目类有合同付款	经办人	经办部门主管	PMO	会计	财务经理(<5万)	CFO(>5万)	经办部门分管领导	子公司总经理	财务出纳(执行)		
借款及付款审批	项目类无合同付款(不含赞助)	项目类无合同付款	经办人	经办部门主管	经办部门分管领导	会计	财务经理(<2万)	CFO(≥2万)	子公司总经理	子集团总经理(>5万)	财务出纳(执行)		
借款及付款审批	管理类付款(含行政)	管理类付款(含行政)	经办人	经办部门主管	区域总监(行政类才需走此流程)	会计	财务经理(<5万)	CFO(>5万)	财务出纳(执行)				
借款及付款审批	人事类付款	人事类付款	经办人	HR部门主管	HR部门分管领导	会计	财务经理(<5万)	CFO	子公司总经理	职教集团总经理			
借款及付款审批	财务类付款	财务类付款	经办人	经办部门主管	经办部门分管领导	会计	财务经理(<5万)	CFO(>5万)	子公司总经理	财务出纳(执行)			

2.5 流程审批电子化

1）选择审批平台

RT集团下设的子公司（部门）较多，组织架构复杂且灵活多变，所以在选择信息化审批平台时要考虑平台的灵活性、稳定性、安全性以及可扩展性，流程节点的配置可做到完全自定义灵活搭配。目前，钉钉平台是应用较为广泛的流程审批软件，可以免费使用。

2）配置审批流程

RT集团管理中心运营部流程管理员在与各部门确认《审批流程一览表》之后，由流程管理员在钉钉审批平台上统一进行配置。配置过程中须充分考虑集团的组织架构、各分级条件的判断情况，因为流程配置关乎业务决策是否得到相应级别管理人员的审阅和决策，所以配置过程要求严格遵循《审批流程一览表》的审批步骤和审批条件要求，在满足业务审批需要的前提下做到配置准确无误。

3）流程测试

流程测试是流程上线前非常重要的环节，通过测试可以将流程配置过程中遗漏、配置错误等问题做到提前发现并及时处理，保证流程的稳定运行。测试过程中应将所有分类条件一一测试到位，通过后台模拟本集团、跨集团等不同条件的审批，做到各条件类型完全覆盖。

4）流程上线

审批流程经过系统化、全面化测试无误后，计划正式上线，上线前通过邮件、钉钉等方式告知全员，让其提前做好准备，进入流程电子化过渡阶段，上线期到后将全面实现电子化操作。

5）流程培训

为了让全员能够快速掌握审批流程电子化的操作，当有大批流程需要调整和上线时，集团运营部要组织流程相关人员的培训。培训前应准备好培训课件及现场操作演示环境搭建,培训过程中详细介绍系统功能,重点"拎出"可能出错的地方,积极听取现场参与培训人员的意见或建议,并及时作出回应、调整。培训结束并不意味着各人员可以完全适应并操作电子化审批流程,要持续做好后期技术支撑与答疑解惑服务。

图 2-2～图 2-5 展示了钉钉流程审批系统的主要工作界面,图 2-2 所示为经办人进入钉钉系统的主界面,系统清晰地进行了流程类别划分,经办人可以选择适当的审批流程发起审批;图 2-3 所示为审批流程编辑界面,针对某个具体的审批流程,填写相关的审批信息;图 2-4 所示为审批显示界面,展示具体的审批流程里面需要的各个审批节点;图 2-5 所示为审批进度界面,反映一个审批流目前的进展情况。

图 2-2　审批流程主界面

| 集团标准化管理体系——详细解读企业的集团发展

图 2-3　审批流程编辑界面

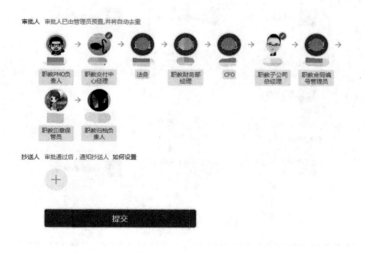

图 2-4　审批显示界面

图 2-5 审批进度显示界面

第3章 RT集团战略管理工作指引

3.1 环境分析

企业战略是指企业根据环境变化,依据自身资源和实力选择适合的经营领域和产品,形成自己的核心竞争力,并通过差异化在竞争中取胜。战略要明确企业的发展方向、发展目标以及实现目标的路径。战略的制定一般遵循五个步骤:环境分析、竞争对手分析、企业资源与能力分析、目标市场选择、战略制定。

环境分析包括行业环境分析、行业内部分析、行业竞争结构分析,如图3-1所示。

行业环境分析主要是进行PEST分析,分析行业的政治环境、经济环境、社会环境、技术环境。这些环境称之为宏观环境,是对行业所有企业都产生影响的环境要素。

政治环境是指企业经营活动的外部政治形势、国家方针政策及其变化。党和政府的方针、政策,规定了国民经济的发展方向和速度,也直接关系到社会购买力的提高和市场消费需求的增长变化。对于企业而言,政治环境具体体现为:行业管制、产业扶持、行业垄断、政府补贴水平、企业相关政府干系人变动、行业反腐、税法、劳动法、国际关系等。

经济环境是企业经营活动的外部社会经济条件,包括人们的收入水平、支出模

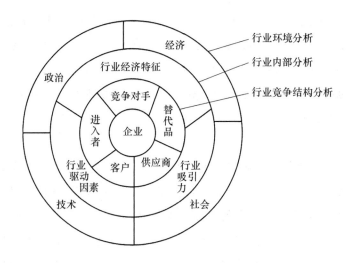

图 3-1 企业环境分析表

式和消费结构、储蓄和信贷、经济发展水平、经济体制、地区和行业发展状况、城市化程度等多种因素。市场规模的大小,不仅取决于人口数量,而且取决于有效的购买力,而购买力的大小受到经济环境中各种因素的综合影响。对于企业而言,经济环境具体表现为:经济周期、GDP 趋势、汇率、税率、利率、金融政策、财政政策、股票市场、成本结构、失业率等。

社会环境是指在一种社会形态下已形成的信念、价值观念、宗教信仰、道德规范、审美观念以及世代相传的风俗习惯等被社会所公认的各种行为规范。对于企业而言,社会环境具体表现为:生活方式的变化、对工作和休闲的态度、教育水平、消费习惯、对产品质量和服务的态度等。

技术环境是企业经营活动的外部技术发展趋势与影响。对于企业而言,技术环境具体表现为:政府对研发的投入、政府和行业对技术的重视、新技术的发明和进展、技术传播速度。

行业内部分析主要分析行业经济特征、驱动因素和吸引力。行业经济特征分析是分析所在行业的市场规模、市场增长速度、竞争对手的数量及规模、购买者的数量及规模、前向及后向整合的程度、技术变革速度、产品差异化程度、行业平均盈利水平等。驱动因素分析是分析所在行业的长期增长率的变化、买主及买主使用产品方式的变化、产品革新、技术革新、营销革命、成本和效率变化、差异化产品、政策变化、社会关注、生活方式的变化等。吸引力分析是分析行业成长潜力,竞争态势是否带来足够的利润,竞争态势是强化还是弱化,行业盈利水平在驱动因素下是有利还是不利,行业未来的风险和不确定性,整个行业面临的问题的严重程度等。

行业竞争结构主要分析行业现有的竞争情况,包括现有企业间的竞争、潜在竞争者的竞争、潜在替代品的竞争、上游与供应商的讨价还价能力、下游与客户的讨价还价能力。

上述环境因素对每个企业的影响大小不同,而且同一个因素对企业的影响也会随着时间的推移发生变化。企业管理人员必须保持对环境的高度警觉,通过环境影响因素分析,确定影响企业的关键因素,并从机遇与挑战两个方面对关键因素进行分类。在确定了影响企业的关键因素后,对每个因素可能产生的影响大小进行评估,影响度评估一般采用5分法进行度量。企业对影响因素进行周期性观测与分析,可以季度进行或者半年度、全年度进行,这取决于企业所处行业变化的速度。在每个周期要分析当期的影响因素与影响度,还要回顾上个周期的影响因素与影响度,并分析变化的原因,进而更有效地把控环境变化的规律,为战略制定奠定基础。企业常用的环境关键影响因素观测工作表单如表3-1所示。

表3-1 企业环境关键影响因素监测表

环境关键影响因素	前观测周期		本观测周期		变化原因
机遇	因素1	影响度	因素1	影响度	
	因素2	影响度	因素2	影响度	
	因素3	影响度	因素3	影响度	
	因素4	影响度	因素4	影响度	
			因素5	影响度	
挑战	因素1	影响度	因素1	影响度	
	因素2	影响度	因素2	影响度	
	因素3	影响度	因素3	影响度	
	因素4	影响度	因素4	影响度	
			因素5	影响度	

(影响度:5代表影响很大;4代表影响较大;3代表影响一般;2代表影响较小;1代表影响很小)

环境信息收集主要依赖于一手资料调研,重点调研对象是政府领导、行业管理领导、业内专家,以及二手资料收集,包括政府报告、行业报告、专家报告等。

3.2 竞争对手分析

为了全面了解竞争对手情况,一般需要收集竞争对手的如表 3-2 所示的相关信息。

表 3-2 竞争对手信息收集表

企业背景	股东构成	
	核心高管	
	企业规模	
	发展历史(重大事件)	
发展战略	企业定位	
	企业目标	
	核心竞争力	
产品与服务	数量	
	质量	
	市场占有率	
	新产品与服务开发	
市场营销	细分市场	
	关键客户	
	营销组织架构	
	市场策略	
	品牌形象	
	客户服务	
销售人力资源	销售人员数量	
	销售人员产能	
	销售人员成本	
	销售能力	
	激励方式	

续 表

生产与技术	核心技术	
	研发能力	
	生产能力	
	人均产能	
财务数据	销售额	
	利润率	
	增长率	

在竞争对手信息收集的基础上，企业需要确定实现企业成功的关键要素，并对本公司以及竞争对手公司的关键要素进行评价，进而明确本企业的竞争优势与劣势，为战略制定提供基础。竞争对手对比分析表如表3-3所示。

表3-3 竞争对手对比分析表

关键成功因素	权重	本公司		A公司		B公司	
		评分	加权分数	评分	加权分数	评分	加权分数
合计	1						

竞争对手信息可以通过一手资料与二手资料两个途径进行收集，一手资料主要是通过本企业销售人员、工程人员、合作伙伴、供应商、从竞争对手雇佣的人员、行业协会、专业会议等途径获得；二手资料主要通过竞争对手的信息报道、行业分析报告、上市公司报告、管理层演讲、统计年鉴等途径获得。

3.3 企业资源与能力分析

在分析完企业面临的外部环境以及竞争对手之后，需要将目光转移到企业内部,从资源与能力角度对企业进行分析,并从行业竞争对比的角度,分析企业内部资源与能力的优势与劣势。企业拥有的资源包括员工队伍、生产设备、资金等有形的资源,也包括专利、品牌、社会关系等各类无形的资源。企业能力是指企业配置资源,发挥其生产和竞争作用的能力。企业能力是一个系统概念,包括管理能力、营销能力、生产能力、研发能力、资金运作能力等多个方面。企业需要周期性分析企业的资源与能力,从行业竞争角度判断企业的优势因素与劣势因素,并分析优势因素与劣势项目相对的优劣程度以及历史上的变化趋势,从而为战略制定奠定基础。企业资源与能力分析表如表3-4所示。

表3-4 企业资源与能力分析表

关键内部要素	项目	优势/劣势程度	上期重要性排名
内部优势	品牌知名度	5	
	产品优势	3	
	……		
内部劣势	成本较高	2	
	销售能力不足	4	
	……		

3.4 目标市场选择

企业在行业环境监测的基础上,需要按照某些标准对市场进行细分,这些标准根据各个企业面对的客户具体确定,如按照客户性质,可以分为政府、事业单位、国有企业、民营企业等;按照行业,可以分为不同的细分行业领域等。在市场细分的基础上,企业需要结合自身实际的战略目标以及资源与能力情况,对各个细分市场进行评估,进而确定出最符合企业的细分市场作为主要的目标市场。

评估细分市场主要从六个维度进行。一是市场规模,它反映当前的市场需求以及当前的收入与利润预期,市场规模越大,市场吸引力越大;二是市场发展前景,它反映未来的市场需求以及未来的收入与利润预期,市场发展前景越大,市场吸引力越大;三是市场竞争,它反映细分市场的竞争格局、竞争态势以及本企业在竞争中的位置与优劣势,对本企业而言,竞争性越强,市场吸引力越小;四是市场风险,它反映市场发展中可能受到宏观环境影响的大小,如政治影响、经济影响、技术替代影响等,市场风险越大,市场吸引力越小;五是战略吻合,它反映企业进入各细分市场是否符合企业整体发展战略,企业经营从长期而言要符合战略方向,而不是仅以当期收益为最高追求,因此,与企业战略吻合度越高,市场吸引力越大;六是能力匹配,它反映企业是否具备进入该细分市场的能力与资源,市场没有更好的,只有更适合的,要找到最适合本企业发展的细分市场,因此,能力匹配程度越高,市场吸引力越大。细分市场评价表如表3-5所示。

表3-5 细分市场评价表

评价指标	权重	细分市场 A		细分市场 B		细分市场 C	
		评分	加权分数	评分	加权分数	评分	加权分数
市场规模							
市场发展前景							
市场竞争							
市场风险							
战略吻合							
能力匹配							
合计	1						

3.5 战略制定

企业进行了外部环境分析、竞争对手分析以及内部资源与能力分析,明确了目标市场,然后需要确定企业的发展战略。研究学者根据以往企业战略实践,总结了企业常用的战略,如表3-6所示。

表3-6 企业常用战略集合表

战略类型	具体战略	战略内容	战略性质
一体化战略	前向一体化	获得对渠道商的所有权或控制力	与价值链相关的战略
	后向一体化	获得对供应商的所有权或控制力	
	水平一体化	获得对竞争对手的所有权或控制力	
强化战略	市场渗透	通过更大的营销努力谋求现有产品或服务在现有市场上的市场份额增加	与核心能力相关的战略
	市场开发	将现有产品或服务导入新的市场	
	产品开发	通过改进现有产品或服务,或者开发新的产品来谋求销售额的增加	
多元化战略	同心多元化	为现有客户增加新的与原产品相关的产品或服务	一般在集团层面使用的战略
	水平多元化	为现有顾客增加新的、与原产品不相关的产品或服务	
	非相关多元化	为新客户增加新的不相关的产品或服务	
并购战略	收购	一家大企业购买一家规模较小的企业的战略	资本运作类的战略
	合并	两个规模大致相当的企业合并为一个企业的战略	
合作战略	合资	两家或两家以上的企业共同投资建立新企业	合作伙伴战略
	联盟	两家或两家以上的企业通过契约形成合作关系	
防御战略	收缩	通过成本和资产的减少对企业进行重组,保证核心业务发展	同多元化相反的一种战略
	剥离	出售业务分部或企业的一部分	
	清算	出售企业的全部或部分资产,以换取现金收入	

一体化战略是企业向价值链上游的供应商进行兼并,或者向价值链下游的渠道商进行兼并,或者向价值链处于同一环节的同类型竞争对手进行兼并。

强化战略是基于企业核心能力基础上对新产品与新市场的组合战略,在原有市场加大营销力度,扩大原有产品销售份额叫市场渗透;将原有的产品引入新的市场进行推广叫市场开发;在原有市场或者新市场开发新的产品叫产品开发。

多元化战略一般是集团型企业采用的战略,主要包括同心多元化、水平多元化和非相关多元化三类。其中,同心多元化是指企业基于原有产品的技术、特长或者经验为现有客户开发新的产品与服务;水平多元化是指为现有客户提供与原有产品完全不相关的新的产品与服务；非相关多元化是指为新客户提供与原有产品完全不相关的新的产品与服务，即企业发现了新的市场机会，"另起炉灶"，开始新的创业。

多元化战略往往伴随着资本运作实现企业之间的并购，企业并购战略包括收购与合并，收购是"大吃小"，合并是两个大致相当企业的整合。

相比并购战略，企业之间也可以通过合作方式，实现更为松散灵活的合作，包括合资，即两家企业共同出资成立新公司；或者联盟，通过合作契约构建合作关系。

上述战略均为扩张型战略，与之相反是防御战略，即收缩防线，具体包括收缩，即减弱对外扩张的步伐，保证核心业务发展；剥离，即出售部分业务或者业务分部；清算，即出售全部资产。

大型企业往往经营多种产品与服务，需要遵循上述基本战略确定各个业务的不同战略，在制定各个业务的战略时，一定切记要从企业外部环境、竞争对手、企业自身资源与能力三个方面进行分析，务必保证战略的针对性与落地性。

第4章 RT集团业务部门工作指引

4.1 营销管理工作指引

▶ **理解营销管理**

营销是什么？简言之，就是满足别人并获得利润，即把价值交付出去，把利润换回来。营销的本质是创造客户价值，而不是把企业已有的产品推销出去。正如营销大师科特勒所说："营销不是找一个精明的办法去处理掉你制造的产品，而是创造真正的客户价值的艺术。"亚马逊的创始人杰夫·贝泽斯也曾说："每件事情的驱动力都是为客户创造真正的价值，没有这个驱动力就没有一切。如果你关注客户所需并与之建立良好关系，他们就会让你赚钱。"客户会在不同的产品与服务之间做出抉择，而抉择的基础是哪一个能给他们带来更大的价值。

以客户为中心是营销的核心理念。正如华为公司提出的"为客户服务是华为存在的唯一理由，天底下给华为钱的只有客户，要以宗教般的虔诚对待客户；客户是永远存在的，以客户为中心，华为之魂就永在；华为的可持续发展，归根结底是满足客户需求,面向客户是基础,面向未来是方向;以客户为中心就是帮助客户取得商业上的成功。"

营销是企业的核心职能。管理大师德鲁克指出:"企业的基本职能只有两个:市场营销和创新,挖掘客户所需并使之满意,是每个企业的使命和宗旨;企业创造客户,必须通过营销和创新来实现。"企业的其他职能,如生产、财务、人事、采购等,只有在实现营销功能下才有意义。

企业应该打造现代市场营销工作体系,本管理团队为 RT 集团设计的营销管理体系包括的主要职能有:客户关系维系、营销策略确定、营销计划制订、营销过程管理、营销活动控制。上述工作职能以表单化作业方式,形成营销管理的工作模块。

▶ 客户关系维系

RT 集团的客户为组织型客户,购买行为为项目型购买。多个主体参与购买过程,一般而言,每个客户都存在四种影响采购的角色:决策者、使用者、采购者和顾问。决策者:即最终决定采购的人,各方意见综合者,资金的最终控制者。使用者:即最终使用产品与服务的人,更关注产品与服务的使用功能,及产品与服务产生的效益,对采购行为产生影响。采购者:进行产品与服务供应商选择的人,更多从价格、供应商实力、产品与服务的性能等角度进行决策。顾问:提供有效信息,帮助认识其他购买角色的人,是企业的内部关系干系人。客户的每个角色可能是一个人,也可能是多个人,也会出现一个人担任多个角色的情况。企业需要对各类客户进行关系维系,包括日常维系与重要节日维系,为此需要建立客户维系档案,确定每个客户的决策者、使用者、采购者、顾问身份,建立常态化维系机制。建立客户维系档案能清晰企业的客户资源,明确客户维系关系,避免出现多头维系的情况;同时,通过该档案,也能避免商务人员将客户据为己有,降低企业的经营风险。客户关系维系表如表 4-1 所示。

表 4-1　客户关系维系表

客户名称	项目名称	角色	姓名	联系方式	维系商务人员	维系记录 1	维系记录 2
*****	项目 1	决策者					
		使用者					
		采购者					
		顾问					
	项目 2	决策者					
		使用者					
		采购者					
		顾问					

▶ 营销策略确定

RT 集团的营销策略围绕产品、价格、渠道和推广四个方面展开。营销策略表如表 4-2 所示。

1) 产品策略

RT 集团提供的是"产品＋服务"的解决方案，解决方案由众多细分的产品和服务整合而成，是产品服务组合。企业需要针对各类不同细分市场，再次进行客户群的细分，明确不同客户群对解决方案差异化的需求，进而设计出差异化的解决方案群。在一定时期内，围绕一组客户群以推广相对标准化的解决方案为主，在标准化的基础上进行定制化。与此同时，企业还需要确定不同细分客户群对产品与服务的需求定位，一般而言，客户对产品与服务的定位分为三类：经济型、实用型和品质型。经济型客户更多关注价格，在满足基本需求的情况下尽量压低价格；实用型客户更关注产品的功能与实用性；而品质型客户除了关注产品的功能与实用性外，对于产品的品质、样式、规格和创新性等方面有更高需求。

2）价格策略

常用的定价方法包括成本导向定价、需求导向定价和竞争导向定价。成本导向定价是企业核算项目成本,设定成本加成比例,确定报价;需求导向定价是以客户对产品与服务的价值认可作为定价依据,即根据客户的心理价位确定报价;竞争导向定价是以市场竞争形成的相对市场价为基础,根据每次招投标的竞争对手的可能报价作为依据确定报价。企业在每个细分市场、细分客户群乃至不同的客户上都会有不同的情形,这取决于企业之间的竞争以及企业与客户之间的关系,因此没有一成不变的定价方法。对大部分企业而言,基本是首先进行成本导向定价,设定价格的基准值,然后交由商务根据不同客户进行差异化定价。如果商务与客户关系好,能避免竞争干扰,一般采用需求导向定价;如果商务与客户关系一般,竞争相对激烈,一般采用竞争导向定价。在一定时期内,企业会针对不同细分市场、不同细分客户群设定报价的基准值(基准值主要是毛利率)。

3）渠道策略

项目型企业主要有三种渠道:直销渠道、合作伙伴和网络渠道。直销渠道是最主要的销售渠道,通过销售人员将解决方案直接推介给客户,进而获得订单。合作伙伴是指在一定区域或者某一行业领域有较多客户资源的机构或者个人,企业将其发展为合作伙伴,共同推进解决方案销售,并共享收益。网络渠道是指公司的客服热线、网站、公众号等,它通过宣传帮助公司获得销售线索。销售人员的配置要以市场为导向,秉持面向同一个客户只有一个销售的准则,避免多头联系;对合作伙伴也要坦诚以待,在一定期限内要实行客户保护,企业不与合作伙伴抢客户。

4）推广策略

项目型企业主要的推广策略有:旗子拉动策略、示范带动策略、上层路线策略、节点控制策略、关系网络策略和合作渠道策略。旗子拉动策略是指企业的产品与服务要顺应行业发展形势,紧跟国家对行业发展的政策趋势,抢占行业发展制高点,可以是技术制高点、标准制高点、模式制高点等,通过国家级项目、国家标准制定者等强化该优势,以此建立行业引领的优势,发挥旗子作用,带动行业发展,同时实现自身业务的发展,这是最优的推广路径。示范带动策略是指企业的产品与服务虽然不能上升到国家级标准,但能够在行业的重要客户处取得突破,通过重点客户建立应用标杆,进而通过同类型客户研讨会、交流会等方式实现企业产品与服务的推广。上层路线策略是指企业的商务人员要与目标客户的上层机构或者领导人建立良好的关系,这里的上层主要是指上级项目经费决策者,不一定是行政的直属上级,通过上层关系,帮助目标客户运作项目申报,进而获得项目经费,达成企业产品与服务的推广。

节点控制策略是指企业要规划好一年中每个阶段的工作重点,中国的很多项目都是从政府、事业单位或者国有企业发出的,体制的原因决定了项目申报、项目审批、经费下拨都是有时间规律性的。因此,企业必须要熟悉客户的项目运作时间节点,若错过一些重要时间节点,后续如何努力都是无用的。关系网络策略是指企业通过高层关系、商务人员关系,构建企业与客户的关系网络,通过关系,对客户进行常规性的拜访、调研需求和跟踪项目,实现产品与服务的推广。企业可以从企业和个人两个层面梳理既有关系:企业层面的梳理可以从企业管理者的既有关系,如企业成功服务过的客户,企业能够接触的行业、政府、中介等影响力方面的关系,企业的合作伙伴,企业的供应商等方面展开;员工层面的梳理可以在客户可能接触的交际圈内寻找亲戚、同学、战友、同乡、朋友等既有关系。通过两个方面的梳理分析,寻找最佳的关系路径能够接触到客户。合作渠道策略是指企业在特定区域或者领域,以合作渠道为主进行业务的推广。企业的推广策略多数情况下是上述策略的综合体,根据每个细分市场的特征选择最优化的推广组合。

表 4-2 营销策略表

细分市场	细分客户群	客户定位	产品策略	定价方法	报价基准	渠道配置	推广策略
细分市场 A	客户群 1	经济型	解决方案 1	需求导向	A%	合作伙伴	策略组合 1
	客户群 2	实用型	解决方案 2	竞争导向	B%	直销	策略组合 2
	客户群 3	品质型	解决方案 3	竞争导向	C%	直销	策略组合 3
细分市场 B	客户群 1	实用型	解决方案 4	需求导向	D%	合作伙伴	策略组合 4
	客户群 2	品质型	解决方案 5	竞争导向	E%	直销	策略组合 5

▶ **营销计划制订**

每年年初,RT集团都要在环境分析、竞争分析、策略制定的基础上,确定公司各业务线的营销计划指标。常用的营销计划指标包括新增合同额、完工比收入、开票额、回款额和客户满意度。完工比收入是根据实施项目的实际完成进度,核算实施的收入情况,这主要解决跨年度实施项目的问题。如上年度签约300万项目,到上年年底实施完成了30%的工作量,而其余70%工作量是本年度完成,则本年度的完工比收入是210万,上年度的完工比收入是90万。营销计划表如表4-3所示。

表4-3 营销计划表

业务线	季度	新增合同额	完工比收入	开票额	回款额	客户满意度
业务线1	Q1					
	Q2					
	Q3					
	Q4					
业务线2	Q1					
	Q2					
	Q3					
	Q4					
业务线3	Q1					
	Q2					
	Q3					
	Q4					
合计	Q1					
	Q2					
	Q3					
	Q4					
总计						

▶ **销售工作流程**

项目型销售不同于一般产品销售,其具有五个方面的特征:一是采购属于阶段性采购,而非连续性采购;二是采购的周期长、频次少;三是采购的规律性差;四是决策流程和决策组织复杂;五是决策信息不透明。

企业面对项目型销售失败的主要原因有三点:一是深陷信息孤岛,找不到真正的采购决策人,理不清客户采购小组内部人员之间的关系,不清楚客户的真正需求,搞不清竞争对手情况;二是无法推动项目,找到了真正的采购决策人,却无法与决策人,尤其是高层决策人建立关系,面对竞争对手的步步紧逼束手无策;三是无法控制局面,好不容易与决策人建立起关系,却面临中途换人,前功尽弃,眼看就要签单了,却突然"杀出个程咬金,横刀夺爱"。

因此,为了提高销售的命中率,需要对销售工作进行标准化梳理,表4-4详细列出了采购过程的五个阶段以及每个阶段客户的任务;企业的目标、任务以及每个阶段需要实施的策略。企业需要围绕该表对销售人员进行系统培训,使其固化为每个销售的基本工作图谱,再通过实践总结,能快速提升销售人员的销售能力。

表 4-4 销售工作标准流程

	产生需求	方案设计	初步接触	制定标准	成功入围	采购决策	采购实施	合同签约
客户阶段	●	●		●		●	●	
客户行动	发现需求;对项目可行性进行分析和论证;成立项目领导小组;明确内部分工;拨付专项资金	搜集信息,对项目方案进行初步设计;对初步设计方案进行评审;初步明确采购流程		确定方案和技术标准;确定供应商标准;确定采购规则和采购流程;供应商入围评审		发布招标公告;出售标书;现场开标;决标	与供应商谈判;与供应商签约;支付项目首款	
企业阶段			项目立项					合同签约
企业目标	得到潜在客户及项目的名单	在客户组织中找到接受我们的人;清晰决策链;绘制出客户组织架构图;在客户组织内部发展顾问;确定关键决策人;了解与决策相关的关键信息	从接受我们的人作为切入点,深化与几个关键人的关系,并通过这些人深入了解与客户采购决策相关的关键信息	与客户方关键决策人建立信任和个人关系;通过运作管理层或决策人关系和公司手段展示产品与品牌价值(价值展示);从客户方关键性需求出发,同我方关键性优势引导客户(引导客户);初步运作客户关系并在入围时同时为下一步投标打好基础	通过运作的关系小组前期的策划,在招标投标中胜出,或者获得客户方的指定	面向高层销售;购买招标文件并撰写标书;策划投标方案;参与投标并最终中标	与采购小组进行谈判,最终以比较有利的条件与客户签订协议,并收到第一笔货款	制定谈判的目标和底线;与客户展开谈判;合同签约与首收款
企业任务	发现销售线索;对销售线索进行遴选,确定项目是否可以立项;项目立项,成立项目小组开始跟踪项目			力争在招标文件中做人有利于我方并引人有利于我方商务条件的竞争对手(我定对手);屏蔽最具威胁的竞争对手的选择,推荐我们的人进入评标小组(我定评委)				

· 44 ·

续表

企业阶段	项目立项	初步接触	成功入围	成功中标	合同签约
企业策略	项目信息求取：需要人脉、结关系网；毛泽东军事战略；团结一切可以团结的力量，建立最广泛的统一战线	项目组织分析：里层、采购决策小组每个人的角色、立场、性格、需求；中层、采购决策小组的组织架构以及决策影响；外层、影响采购决策的外部力量	帮助客户建立产品和品牌认知的六种方法：产品介绍、技术交流、权威推荐、业绩展示、产品展示与测试、企业参观；中国式关系建立的四步骤：建立好感（会说话、会做事、会做人）；建立信任（组织信任、个人信任）；满足客户利益（组织利益、个人利益）；建立情感（从工作走向生活，从个人走向家庭，从朋友走向知己）	接近高层的方法：高层中间人引荐、"拦路喊冤"、利用顾问间接互动、接近	谈判开局四大策略：开出高于实价；不要接受对方第一次还价；学会表现出意外；识别不情愿策略；谈判中局五大策略：更高权威策略；红脸白脸策略；条件交换策略；递减让步策略；附加价值策略
	项目信息筛选：五标准法（项目的需求我们能满足吗？项目有钱吗？项目采购金额大吗？我们有赢单的基础吗？今年能成单吗？）	通过顾问可以寻找关键信息：关键性采购流程、客户组织的关键需求、关键采购人、关键竞争对手、关键采购变动信息			

▶ **营销活动控制**

在具体营销工作中,企业需要对营销活动过程进行相应的控制,具体包括行为控制、效率控制、费用控制和促销控制。行为控制是指通过日常考勤、工作日报、工作周报、月度例会等方式形成营销工作的汇报与反馈机制,使营销管理人员及时掌握营销人员的工作情况。效率控制是指针对营销人员的客户拜访与结果进行相应的统计分析,发现营销人员工作效率方面的问题,进行整改;对于效率高的总结经验,予以推广。费用控制是指营销管理人员要制定相应的费用控制的规定,尽量压缩营销费用,如规定原则上乘坐飞机需要至少提前一周提交申请,这样可以买到更优惠的机票;规定营销人员在外招待标准,并规定超过一定标准需要审批后方可实施;规定有渠道费用项目的利润率必须达到一定的值,否则不予批复渠道费等。促销控制是指对于一次性投入较大的赞助费、会议费、宣传费等要严格控制,要从项目的投入产出角度,切实分析每次促销活动的投入是否物有所值。营销过程控制表如表4-5所示。

表4-5 营销过程控制表

控制类别	控制项目
行为控制	日常考勤
	工作日报
	工作周报
	月度例会
效率控制	每周拜访客户次数
	每周新增客户数量
	平均客户拜访时间
	平均客户拜访成本
	每百次拜访成单率
费用控制	差旅费用
	商务费用
	渠道费用

续表

控制类别	控制项目
促销控制	赞助评估
	会议评估
	宣传评估

4.2 项目管理工作指引

▶ **理解"项目管理"**

项目是为了提供一个独特的产品或服务而暂时承担的任务。一个成功的项目要求符合三个条件：按时完成，质量符合预期要求，成本控制在范围内。项目管理是指通过运用一定的知识、技能、工具和技术等使具体项目能够在计划时间内按照实际需求，高质量、高效率的完成。项目管理是一个系统工程，涉及九个知识领域，包括：范围管理、时间管理、成本管理、质量管理、资源管理、沟通管理、风险管理、采购管理和集成管理。

RT集团实践中首先需要明确企业所开展项目的类别，不同的项目类别可能会要求不同的管理程序，对项目管理各知识领域的要求也会有所差异。每个企业对项目类别划分标准不同，如表4-6所示。

表4-6 企业项目类别划分

划分标准	项目类别	项目描述
项目内容	平台开发类	公司软件类项目
	内容制作类	公司超媒体电子书、课件、视频、数据加工等类型的项目
发起部门	客户定制类项目	由外部客户发起的，以满足外部客户需求为目的的项目称为客户定制类
	内部支持类项目	由内部客户发起的，以满足内部客户需求为目的的项目称为内部支持类

续 表

划分标准	项目类别	项目描述
发起部门	产品研发类项目	由产品经理或公司发起,以开发产品为目的的项目称为产品开发类
	售前类项目	由商务发起的售前类,如方案、现场、demo 和报价
	售后类项目	由售后部门发起的售后类项目
项目规模	重大项目	项目合同金额等于或大于 200 万的项目
	大型项目	合同金额大于等于 50 万小于 200 万的项目
	中型项目	合同金额大于等于 20 万小于 50 万项目
	小型项目	合同金额小于 20 万的项目

▶ **项目管理角色**

为了强化项目管理的重要性,RT 集团单独设立项目管理部门,简称 PMO(Project Management Office);在项目实施部门,会为每个项目指派一个项目经理,简称 PM(Project Manager);同时,为项目管理配置相应的服务器,进行项目管理文件、数据的配置,并设置配置管理专员角色。项目管理涉及商务、PMO、实施等多个部门,在 PMO 下也要设置多个专员角色进行分工作业。在企业层面,还要成立技术专家委员会,对项目的工程量以及报价进行审核。项目管理涉及的角色以及角色解释如表 4-7 所示。

表 4-7 项目管理角色

角色	解释
商务人员	各商务部门商务人员,主要负责寻找商机、商务洽谈、跟进、合同签署和回款等工作
营销总监	各公司商务部门总负责人
PMO 经理	PMO 部门负责人
售前部门负责人	售前部门的负责人,负责商务和实施之间的售前工作
售前项目经理	因售前工作,售前部门负责人指定的特定项目售前负责人
项目经理	交付部门指定的项目负责人,进行项目实施过程管理、预算等
项目管理专员	PMO 下属人员,主要职责是协助项目经理进行项目实施过程管理、预算等工作

续表

角色	解释
项目报价专员	PMO下属人员,主要职责是和商务、售前沟通报价所需信息,协调报价专家进行项目报价工作
报价专家	技术专家委员会的成员,除日常本职工作外,在这个角色上主要负责对项目工作量进行报价
客户	外部客户
技术专家委员会主任	技术专家虚拟组织负责人,主要负责审核报价专家评估的工作量结果并提出修改建议
配置管理专员	PMO下属人员,主要负责项目配置管理工作
质量管理人员	PMO下属人员,主要负责项目质量保证工作

▶ 项目管理程序

项目管理从程序上一般包括五个环节:启动、计划、实施、监控和收尾。启动阶段要制定项目章程并确定初步范围;计划阶段要制定项目管理计划;执行阶段要制定和管理项目的执行活动;监控是指监控项目执行并进行整体变更控制;收尾阶段是指项目收尾和结束。在项目管理的每个阶段需要不同角色人员参与,形成不同的阶段产出物,并制定不同阶段的管理制度。图4-1所示为RT集团项目管理完整程序。深度售前阶段要完成项目售前启动、售前进行、项目报价等任务,由商务、售前、PMO参与;立项阶段要完成立项会议、项目计划书的编写,商务与PMO参与;项目实施阶段由PM主要负责,完善项目计划书,按照项目计划书实施,并定期进行预算、质量、进度等统计分析,并做好外包管控;验收交付阶段要按照计划书提交产出物,由PM、PMO负责;项目结项要完成绩效评价、奖金核定、项目复盘、知识归类等工作,由PM、PMO负责;项目交由售后部门做售后服务;从项目启动以后,PMO部门开始通过数据、会议等方式进行整个项目实施的监控。

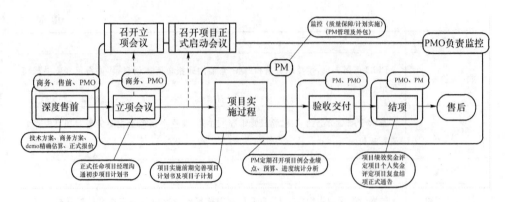

图 4-1 项目管理全流程图

▶ **项目管理制度**

为了匹配上述项目管理程序，企业需要制定各环节管理的制度，具体包括：《深度售前制度》《项目报价制度》《项目立项制度》《项目跟踪制度》《项目结项制度》《配置管理制度》《变更管理制度》《质量保证制度》《项目外包制度》《验收交付制度》《项目管理-绩效考核规范》。与上述各管理程序对应的制度如表4-8所示。

表 4-8 项目管理各阶段对应制度

项目实施阶段	对应制度
深度售前阶段	《深度售前制度》 《项目管理-绩效考核规范》 《质量保证制度》
立项阶段	《项目立项制度》 《项目管理-绩效考核规范》 《配置管理制度》 《质量保证制度》
项目实施阶段	《项目跟踪制度》 《项目管理-绩效考核规范》 《项目外包制度》 《配置管理制度》 《变更管理制度》

续 表

项目实施阶段	对应制度
交付阶段	《验收交付制度》 《配置管理制度》 《质量保证制度》
结项阶段	《项目结项制度》 《配置管理制度》 《质量保证制度》
售后阶段	《项目售后制度》 《配置管理制度》 《质量保证制度》

▶ **项目管理工作活动表**

RT 集团制定了全流程的详细工作活动表,包括:售前、报价、立项、跟踪、验收交付、结项、售后、质量保障、变更管理、配置管理。

1) 售前项目工作活动表

确定需要进行售前的项目,按照表 4-9 所示的程序与要求进行售前活动。

表 4-9 售前项目活动表

序号	活动列表	角色	输入	输出
1	提交售前申请	商务人员		《售前申请表》
2	审批申请	营销总监/售前部门负责人	《售前申请表》	审批邮件
3	任命售前项目经理	售前部门负责人	营销总监审批邮件	售前项目经理名单
4	组建售前团队	售前项目经理 部门经理 P 型员工		售前项目团队名单
5	安排项目管理专员跟进项目	PMO 经理	营销总监/售前审批邮件	项目管理专员名单
6	提交售前阶段性报告	售前项目经理	无	《售前阶段性报告》

续 表

序号	活动列表	角色	输入	输出
7	提交售前工作总结及项目成果物	售前项目经理 项目管理专员	无	《售前工作总结报告》 项目成果物
8	提交失败售前总结报告	商务人员		《失败售前总结报告》
9	提交售前数据汇总表	项目管理专员		

2）项目报价工作活动表

项目启动后，在售前支持情况下，进入项目报价环节，项目报价按照表4-10所示的程序与要求进行。

表 4-10 项目报价活动表

序号	活动列表	角色	输入	输出
1	提交报价申请	商务人员	《客户需求收集表》、项目招标文件、会议记录、其他相关材料	无
2	审核需求是否足以支撑项目报价	项目报价专员	商务人员提交的报价文档	审核结果
3	召集报价专家估算相应的工作量	项目报价专员 报价专家	《项目成本评估表（专家估算）》	《项目成本评估表（专家估算）》与备注说明
4	审核估算工作量是否合理	技术专家委员会主任	《项目成本评估表（专家估算）》与备注说明	审核结果
5	计算报价	项目报价专员	《项目成本评估表（专家估算）》与备注说明	《项目成本评估表（报价）》
6	审批报价	PMO经理	《项目成本评估表（报价）》	审核结果
7	邮件提交《项目成本评估表（报价）》	项目报价专员	《项目成本评估表（报价）》	无
8	查收《项目成本评估表（报价）》	商务人员	《项目成本评估表（报价）》	无

3）项目立项工作活动表

项目进入立项环节后，按照表 4-11 所示的程序与要求进行。

表 4-11 项目立项活动表

序号	活动列表	角色	输入	输出
1	提交立项申请	商务人员/内部客户/产品经理	客户需求 合同 确定的技术方案或价格	《项目交接责任单》 《立项申请报告》
2	营销总监审批立项申请	营销总监	《项目交接责任单》	审批邮件
3	定义项目等级	PMO 经理	《项目交接责任单》 《立项申请报告》	项目等级
4	任命项目经理	部门经理	项目等级 项目基本信息	项目经理名单
5	发送项目启动沟通函	PMO 专员	《项目交接责任单》 《立项申请报告》 项目类型及项目等级	《项目启动沟通函》
6	定义项目过程	项目经理	项目生命周期 内部开发流程	《项目定义过程》
7	搭建项目配置库	配置负责人	《项目启动沟通函》 《项目定义过程》	项目配置库
8	协同系统建立项目	项目管理专员	《项目启动沟通函》 项目配置库搭建完成	协同项目建立完成
9	制订项目计划书、进度计划	项目经理 项目管理专员	客户需求 《项目合同》 售前阶段技术方案 客户原始资料包	《项目计划书》 《项目进度计划》
10	编制项目成本和业绩点预算	项目经理 项目管理专员	《项目计划书》 《项目进度计划》	《项目预算表》
11	编写《质量保证计划》	质量管理专员	《项目计划书》 《项目进度计划》	《质量保证计划》
12	发送立项会议通知	项目经理	无	项目立项会议通知

续表

序号	活动列表	角色	输入	输出
13	参加项立项会议	PMO 经理 部门经理 项目经理和项目组成员 商务人员/内部客户/产品经理 项目管理专员 质量管理专员 配置管理人员	立项会议通知	无
14	发送立项会议记录	项目经理	无	《项目立项会议记录》

4）项目跟踪工作活动表

项目进入立项后，按照表 4-12 所示的程序与要求进行。

表 4-12 项目跟踪活动表

序号	活动列表	角色	输入	输出
1	提交项目工时	项目经理 项目组成员	项目计划	项目工时
2	监控成本	项目经理 项目管理专员	《项目预算表》	项目周报
3	监控进度	项目经理 项目管理专员	项目计划	项目周报
4	管理风险和问题	项目经理 项目管理专员	项目风险 项目问题	《项目风险管理表》 《项目问题管理表》
5	跟踪项目合同及回款	项目经理 项目管理专员	项目合同	项目周报
6	跟踪项目状态	项目经理 项目管理专员	项目进展情况	项目状态
7	管理变更	项目经理 项目管理专员	变更	《项目变更管理表》 合同补充协议
8	监控质量	项目经理 项目管理专员	项目缺陷	项目周报
9	管理 NC 项	质量专员	过程检查单	项目周报 《不符合项管理表》

续表

序号	活动列表	角色	输入	输出
10	参与项目会议（晨会、周例会、评审会议等）	项目经理 项目组成员 质量专员 项目管理专员	会议通知	会议记录
11	提交周报	项目经理	项目进展及数据 外包商项目周报	项目周报
12	分析项目过程数据	项目经理 质量专员 项目管理专员	项目原始数据	《项目级数据度量表》

5）项目验收交付工作活动表

项目验收交付工作按照表 4-13 所示的流程与要求进行。

表 4-13 项目验收活动表

编号	活动列表	角色	输入	输出
1	项目经理/产品经理申请交付	项目经理/产品经理 项目管理专员 PMO 经理	《项目交付申请确认单》	PMO 反馈意见
2	不满足交付条件的操作	项目管理专员 项目经理 分管副总	PMO 反馈意见	修改完善 高层特批
3	项目交付物提交客户	项目经理	《项目交付申请确认单》 交付物 项目计划	接收确认 《客户评价表》
4	客户执行验收	客户	《项目交付申请确认单》 交付物 项目计划	
5	验收通过	客户		《项目验收报告》 《客户评价表》
6	验收不通过	客户 项目经理	问题反馈	问题修复

6) 项目结项工作活动表

项目结项工作按照表 4-14 所示的流程与要求进行。

表 4-14 项目结项活动表

序号	活动列表	角色	输入	输出
1	提交结项申请	项目经理	项目验收报告 回款100% 《客户评价表》 《销售评价表》	结项申请邮件
2	审批结项申请	PMO 经理	结项申请邮件	结项审批邮件
3	发送结项沟通函	项目管理专员	结项审批邮件	项目结项沟通函
4	分析项目结果数据	项目管理专员 质量管理专员	协同系统进度和工时数据 缺陷数据 不符合项管理表	项目级数据度量表
5	进行项目复盘	项目经理	项目级数据度量表	项目复盘情况
6	评定团队绩效	项目经理	项目级数据度量表	项目人员绩效考核表
7	评价外包商	项目经理	无	外包商评价表
8	核算项目成本	项目经理 项目管理专员	项目预算表	项目结算表
9	编写项目结项总结报告	项目经理	项目复盘情况 项目级数据度量表	项目结项总结报告
10	发送结项会议通知	项目经理	项目结项总结报告	结项会议通知
11	召开项目结项会议	总经理 部门经理 PMO 经理 项目经理 项目管理专员 质量管理专员 商务人员 售后人员 知识管理人员	结项会议通知	结项会议记录

续 表

序号	活动列表	角色	输入	输出
12	评定项目绩效	总经理(大型以上项目) 项目管理专员 (中小型项目)	项目复盘和结项会议汇报 评价项目绩效	项目绩效考核表
13	存档知识沉淀	知识管理人员	项目复盘:经验分享和案例积累	知识管理清单
14	回收项目库权限	配置管理专员	项目结项邮件	无
15	发送项目结项通告	项目管理专员	项目结项总结报告	项目结项通告

7) 项目售后工作活动表

项目售后工作按照表 4-15 所示的流程与要求进行。

表 4-15 项目售后活动表

序号	活动列表	角色	输入	输出
1	运维工作计划	售后工程师 售后部门经理	运维合同	《运维工作计划》
2	客户问题反馈	售后工程师、项目经理、商务人员	无	《项目(客户问题反馈单)》
3	售后工程师直接解决问题	售后工程师	《项目(客户问题反馈单)》	成果物提交 《售后项目总结报告》
4	判断是否需求变更	交付部门负责人	《项目(客户问题反馈单)》	确认意见
5	同客户沟通需求变更	售后工程师 需求工程师	需求变更工作流程 《项目(客户问题反馈单)》	用户需求
6	工作量和报价评估	交付部门负责人 项目管理专员	用户需求	成本及报价
7	报价的确认	商务人员	报价单	最终确认
8	新增需求的实施	交付部门经理 售后项目经理	《需求确认单》 商务确认实施信息	《项目成本与业绩点预算》 《售后项目总结报告》 成果物提交

续 表

序号	活动列表	角色	输入	输出
9	问题修复检查	质量保质人员 售后工程师	成果物 《售后工作总结报告》	确认
10	提交客户	售后工程师	成果物	客户确认
11	Bug/建议/意见的修改	交付部门负责人	《项目(客户问题反馈单)》	完成修改

8）质量保障工作活动表

质量保证旨在遵守项目管理流程以及标准和规则，确保项目管理团队实施工作规范性，实现项目完整有序运行；保证项目满足项目目标、确保项目进度和成本控制在合理范围。质量保障主要遵循如表4-16所示的活动表展开行动。

表 4-16 质量保障工作活动表

序号	活动列表	角色	输入	输出
1	检查售前活动	质量管理专员	《售前申请表》《售前质量保证检查单》	《质量保证周报》
2	检查项目管理执行过程	质量管理专员	《评审检查单》	《质量保证周报》《缺陷管理表》
3	管理不符合项	项目经理 项目管理专员 质量管理专员	《质量保证检查单》《缺陷分类标准》	《质量保证周报》
4	发布质量保证报告	质量管理专员	《质量保证周报》	《质量保证周报》

9）变更管理工作活动表

为了提升客户需求的响应速度，切实保证项目组和公司的切身利益，在需求与计划发生明显偏离时，应采取适当的纠正措施以降低项目风险，明确双方职责，确保项目顺利进行。变更管理遵循如表4-17所示的活动表开展工作。

表 4-17 变更管理活动表

序号	活动列表	角色	输入	输出
1	提出变更申请（客户或内部）	客户 内部人员	变更内容	邮件
2	项目经理评估是否为变更并评估工作量、成本影响	项目经理	变更邮件	变更影响分析
3	更新项目预算	项目经理	报价 补充协议	《项目预算表》
4	审批预算	项目经理 技术专家委员会 部门经理	《项目预算表》	审批后的《项目预算表》《项目变更管理表》

10）配置管理工作活动表

项目相关配置管理遵循表 4-18 所示活动展开。

表 4-18 项目配置管理活动表

序号	活动列表	角色	输入	输出
1	制订配置管理计划，并搭建配置管理库	项目经理 配置负责人	项目计划书 进度计划 《项目定义过程》	《项目配置管理计划》
2	基线版本控制	配置负责人	需求确认邮件/测试申请单/验收申请邮件/结项通告	需求基线/测试基线/验收基线/结项基线
3	跟踪和控制变更	项目经理 配置负责人	变更申请邮件	变更后文件版本
4	执行配置审计	质量管理专员 配置负责人	《配置管理计划》 定期配置审计	《质量周报》
5	配置库调整权限	配置负责人	项目结项	权限调整

4.3 采购管理工作指引

▶ **理解项目采购**

1) 项目采购定义

项目采购是从项目团队外部获得产品、服务或工程的完整的购买过程。标准化的采购管理可以达到降低成本、增加项目利润的作用。全球范围内,对于项目企业而言,采购成本占到销售成本的 50%～70%。随着企业外包战略的实施,采购成本占销售成本的比例会越来越高。美国通用公司前总裁韦尔奇说:"在我们公司只有销售和采购是赚钱的,其他部门发生的都是费用"。采购把企业的商务需求与外部的技术和能力联系起来,力求使供应商的技术与能力和企业客户之间达到最优的配合,为客户或者最终用户提供价值。

2) 项目采购类型

项目采购按照不同的划分标准有不同类型(如表 4-19 所示),每个企业都应该根据企业实际,确定项目采购内容的类型以及不同采购采用的采购方式(如表 4-20 所示)。

表 4-19 项目采购类型

划分标准	划分类型	类型解释
按照采购组织分类	集中采购	设置一个职能部门,负责企业所需要的各类货物、工程和服务的采购
	分散采购	采购工作分散给各需要部门分别处理
按照采购内容分类	产品货物采购	购买项目建设所需的投入物,及与之相关的服务,如机械、设备、仪表、建筑材料等
	工程项目采购	通过招标等方式选择工程承包单位,包括人员培训、维修等
	咨询服务采购	项目投资准备工作、工程设计、施工监理、技术援助、聘请咨询公司或咨询专家等

续表

划分标准	划分类型		类型解释
按照采购方式分类	招标采购	公开招标采购	由需方提出招标条件和合同条件,由不少于三家供应商同时投标报价
		邀请招标采购	
	非招标采购	询价采购	指以公开招标和邀请招标之外的方式取得所需采购物品或服务所采用的采购方式
		直接采购	

表 4-20　企业项目采购的类型与采购方式

采购类别	类别解释	采购方式
类别一		方式一
类别二		方式二
类别三		方式一
……		……

3)项目采购过程

项目采购遵循如下过程:

(1)编制采购计划。决定采购什么,何时采购,如何采购。

(2)编制询价计划。记录项目对于产品、服务或成果的需求,并且寻找潜在的供应商。

(3)询价、招投标。获取适当的信息、报价、投标书或建议书。

(4)供方选择。审核所有建议书或报价,在潜在的供应商中选择,并与选中者谈判最终合同。

(5)合同管理和收尾。管理合同以及买卖双方之间的关系,审核并记录供应商的绩效以确定必要的纠正措施,并作为将来选择供应商的参考,管理与合同相关的变更。合同收尾的工作是:完成并结算合同,包括解决任何未决问题,并就与项目或项目阶段相关的每项合同进行收尾工作。

4)项目采购合同类型

项目采购常用合同及特征、使用形式如表 4-21 所示。

表 4-21 项目采购合同类型

合同类型	定义	特征	适用条件
固定总价合同	在这类合同中,买主和分包商或供应商对产品(主要是劳务)设定一个双方认同的总体价格,这个价格是固定不变的,除非经双方协商同意后方可改变	供应商承担大部分风险,而买方的风险很小;固定总价合同也可以包括为了实现或者超过规定的项目目标时采购的激励措施;固定总价合同下的卖方依法执行合同,如果达不到合同要求他们可能会遭受经济损失;固定总价合同下的买方必须准确规定所采购的产品或者服务;固定总价合同最简单的形式就是一个采购单	适用于技术不太复杂、工期不长、风险不大的项目
成本补偿合同	在这类合同中,买方向卖方支付项目直接成本和间接的实际成本,加一部分额外费用作为供应商利润	成本通常分为直接成本和间接成本;成本补偿常见三种方式:成本加奖励费用合同、成本加固定费用合同、成本加百分比合同	适用于不确定性因素较多,所需资源的成本难以预测又急于上马的项目
工时和材料合同(又称为单价合同)	买卖双方约定所提供服务或产品的单价,最后按照所发生的实际数量来支付最终的费用	对工时处理是约定一种服务的单价,按照实际发生的情况进行估算;而材料费用预估一个费用,在一个约定的上限范围内进行计算;合同的总额和合同应交付产品的确切数量在买方签订合同时还不能确定;许多组织要求在所有时间和材料合同中注明不能超出预期合同额和期限限制,防止无限度的成本增加	适用于项目范围无法准确定义,项目总预算无法估计的情况

▶ **供应商管理**

1. 寻源管理

1)分析业务需求及供应商资源

RT 集团 PMO 根据公司战略规划以及本年度业务发展需求,制定年度项目采购规划,并对比当前供应商资源,分析匹配度以及产能情况。

2)完成市场资源分析

RT集团PMO根据年度项目采购规划以及当前供应商资源情况,进行供应商市场资源分析。

3)进行潜在供应商资源储备

寻找潜在供应商资源,渠道包括:互联网对接、同事推荐、供应商推荐、主动上门等。

2. 评定供应商

1)评定潜在供应商

根据RT集团业务发展规划以及年度项目采购规划,对潜在供应商以及历史供应商进行评定。

评定方式:RT集团PMO与业务公司会议讨论评审形式。

2)供应商分级入库

评审通过的供应商分级入库,按照业务类型、合作等级等维度。

RT集团供应商分为战略外包商和项目外包商两级。

(1)战略外包商:长期合作,战略性项目优先选择的外包商。

(2)项目外包商:为某个项目而找的临时性外包商,是否进行长期合作留待考察。

3. 供应商动态评估

供应商评估方式:RT集团PMO与业务公司会议讨论评审形式。

1)供应商季度评估

季度对供应商从业务能力、合作态度、擅长领域等维度进行评估,并更新《供应商列表》。

2)供应商年度评估

年度对供应商从业务能力、合作态度、擅长领域等维度进行评估,并更新《供应商列表》。

4. 供应商关系维系

1)供应商列表的维护

每个季度、年度组织供应商评估,并更新《供应商列表》,供应商分级调整,淘汰不适合的供应商。

2）供应商关系维护

（1）年度举办供应商大会,表彰优秀供应商,发布当年业务规划。

（2）根据业务发展,进行必要供应商走访。

▶ **采购过程管理**

1）采购需求申请

采购需求申请阶段遵循表 4-22 所示活动展开。

表 4-22 采购需求申请活动表

编号	活动列表	角色	输入	输出
1	采购需求申请	项目经理	《项目采购申请单》	审批流程启动
2	采购需求审批	部门负责人 子集团 PMO 主任 总经理	《项目采购申请单》	审批确认,指定采购管理专员
3	拟定采购计划	采购管理专员 项目经理	《项目采购申请单》	《项目采购计划》

2）采购询价管理及选择供应商

采购询价及选择供应商阶段遵循表 4-23 所示活动展开。

表 4-23 采购询价及选择供应商活动表

编号	活动列表	角色	输入	输出
1	采购询价	采购管理专员 供应商	《项目采购申请单》 《项目采购计划》	不低于三家供应商报价
2	选择供应商	采购管理专员 项目经理	供应商报价	确定供应商

3）采购合同申请

采购合同申请阶段遵循表 4-24 所示活动展开。

表 4-24　采购合同申请活动表

编号	活动列表	角色	输入	输出
1	拟定采购合同	采购管理专员	《项目采购申请单》《项目采购计划》《集团项目采购合同模板》	《项目采购合同》
2	采购合同审批及签订	采购管理专员 子集团 PMO 主任 部门负责人 法务 总经理 集团本部 PMO 主任	《项目采购合同》	最终《项目采购合同》

4）采购执行管理

采购执行阶段遵循表 4-25 所示活动展开。

表 4-25　采购执行活动表

编号	活动列表	角色	输入	输出
1	采购执行	项目经理 供应商	《项目采购合同》	项目交付物
2	采购执行监控	项目经理 采购管理专员	《项目采购合同》、项目信息	《执行状态报告》、重点关注进度、质量、成本
3	采购结果评估	项目经理 采购管理专员 部门负责人 集团本部 PMO 主任	《项目验收数据收集表》《项目验收确认单》	《项目验收确认单》

5）采购付款申请

采购付款阶段遵循表 4-26 所示活动展开。

表 4-26　采购付款活动表

编号	活动列表	角色	输入	输出
1	采购付款申请	采购管理专员	《项目验收数据收集表》《项目验收确认单》	供应商发票、付款申请流程

续表

编号	活动列表	角色	输入	输出
2	采购付款审批	业务部分负责人 总经理 集团PMO主任 财务负责人	付款申请流程	节点审批、付款凭证
3	采购付款	集团财务经理 出纳	付款凭证	付款、存档

6）采购总结

采购总结阶段遵循表 4-27 所示活动展开。

表 4-27 采购总结活动表

编号	活动列表	角色	输入	输出
1	填写供应商评价表	项目经理	《项目验收数据收集表》	《供应商评价表》
2	备份相关文档	项目管理专员	《采购合同》《供应商评价表》《项目采购申请单》《项目验收确认单》	文档备份至项目SVN库
3	更新供应商管理列表	采购管理专员	《供应商评价表》、项目信息	更新的《供应商管理列表》

第5章 RT集团支撑部门工作指引

5.1 人力资源管理工作指引

▶ **理解人力资源管理**

人力资源管理,是指在人本思想指导下,通过招聘、甄选、培训、报酬等管理形式对组织内外相关人力资源进行有效运用,满足组织当前及未来发展的需要,保证组织目标实现与成员发展的最大化的一系列活动的总称;是指预测组织人力资源需求并作出人力需求计划、招聘选择人员并进行有效组织、考核绩效支付报酬并进行有效激励、结合组织与个人需要进行有效开发以便实现最优组织绩效的全过程。一般把人力资源管理分为五大模块:人力资源规划、招聘与配置、绩效管理、薪酬福利管理和劳动关系管理。

▶ **人力资源规划**

1) 人力资源规划

人力资源规划是企业根据其战略目标、发展战略及外部具体环境的情况,以科学规范的方法,进行人力资源需求和供给的分析预测,编制相应的吸引、留住、使用、激励的方案,为组织的发展提供所需要的员工,以完成组织发展目标的过程。这是人力资源管理活动的起点和依据,也是各项人力资源管理活动的纽带。

RT集团在每年年度会议,或者半年度会议确定公司战略,并以此为依据制定当期的人力资源规划,然后由人力资源分管领导就人力资源现状、组织架构、定岗定编、制度规划、费用规划等方面进行任务分解,并填写《人力资源规划任务分解表》,如表5-1所示。

表5-1 人力资源规划任务分解表

人力资源规划目标	任务目标分解	任务要求	执行人	完成时间	备注

2)人力资源规划工作活动表

RT集团人力资源规划工作主要内容,各主要工作均明确了完成时间、角色以及产出物,遵循表5-2所示活动表展开。

表5-2 人力资源规划活动表

序号	活动列表	角色	时间点	输入	输出
1	组织架构确定	子集团总经理、HRBP	每年1月、7月	组织架构图、战略协调会战略确定	组织架构图
2	定岗定编	部门负责人、子集团总经理、人力资源分管领导	每年1月		定岗定编计划表
3	人事任命	子集团总经理、人力资源分管领导	每年1月、7月	人员调整计划、战略协调会	任命通知
4	人员调薪	集团总裁、人力资源分管领导、子集团总经理、部门负责人	每年7月	调薪比例、信息收集表	调岗调薪信息表
5	年度评优	集团总裁、高层干部、HR、部门负责人	每年12月	评优奖项、推荐表	年度优秀员工名单

续表

序号	活动列表	角色	时间点	输入	输出
6	岗位序列	人力资源分管领导、HR	每年1月	回顾序列匹配程度	更新岗位序列表
7	制度更新	人力资源分管领导、HR、职工代表	每年12月	回顾现有制度、问题梳理	制度更新及发布

3）定岗定编

定岗确定各部门的岗位设置，定编确定了人员的编制，即定员；定岗定编的标准与公司的经营状况、公司发展相联系，各部门的编制总量由人工成本进行控制，定岗定编的标准根据公司经营状况，发展需要及时修订。

定岗的原则：①明确任务目标的原则；②合理分工协作的原则；③责权利相对应的原则。岗位设置的内容应以表格形式呈现，需要填写《岗位职责说明书》。

定编的原则：①必须以企业经营目标为依据；②定编必须以精简、高效、节约为目标；③各类人员的比例关系要协调；④要做到人尽其才，人事相宜。各部门根据部门实际情况，合理采用定编方法进行定编。

定岗定编计划表如表5-3所示。

表 5-3 定岗定编计划表

一级部门名称	二级部门名称	2018年预计产值/产能（部门填写）	部门编制		岗位设置	人员性质（全职/实习）	在岗人数	人员余缺数		驻扎地	期望招聘到岗时间	备注（简述编制数量的原因）	预计岗级	最低薪资预算	最高薪资预算
			编制人数	目前人数				补员	新增/减员（减员填负数）						
	教学设计部				教学设计师	全职	4	0	1	无锡	3月				
	课件交付中心				呈现工程师	全职	5		−1						
					平面设计师	全职	6								
合计															

4）职业通道

（1）岗位序列

为了便于员工的管理，推动员工职业发展，需要根据员工从事工作的性质将员工进行差异化序列划分，RT集团设置如表5-4所示的岗位序列。

表5-4 岗位序列表

序号	岗位序列（英文代码）	岗位序列（中文名称）	岗位释义
1	P	项目交付类岗位	特指参与公司对外业务项目的生产与实施等工作的项目交付类员工
2	R	研发类岗位	特指参与公司内部产品研发与技术开发等方面的技术研发类员工
3	B	业务类岗位	特指与客户或外部机构进行业务等对接，并为公司带来直接或间接的经济收入的业务类员工
4	S	职能服务类岗位	特指为公司内部提供职能支持或项目辅助类工作的职能服务类员工
5	M	管理干部岗位	特指行使管理职能带领或协调他人完成具体任务的管理干部
6	PM	项目管理类岗位	特指内部专职或兼职进行项目管理工作的项目管理类员工

（2）职业成长路径

基于企业设定的不同岗位序列，RT集团为各类序列人员设计职业成长路径，形成职业发展通道，如图5-1所示。

5）制度建设及更新

RT集团周期性（半年或者一年）对现有所有制度进行回顾，对现有制度适用性进行评估，对不适应企业发展或不符合法律法规的部分进行更新；人力资源制度更新由人力资源部主导，各下属企业人力资源部配合进行制度修订；制度修订完成后，召开职工代表大会进行意见收集；最终修订版报人力资源分管领导审核后进行全员制度发布，并于发布后一个月内组织员工进行宣贯。

集团标准化管理体系——详细解读企业的集团发展

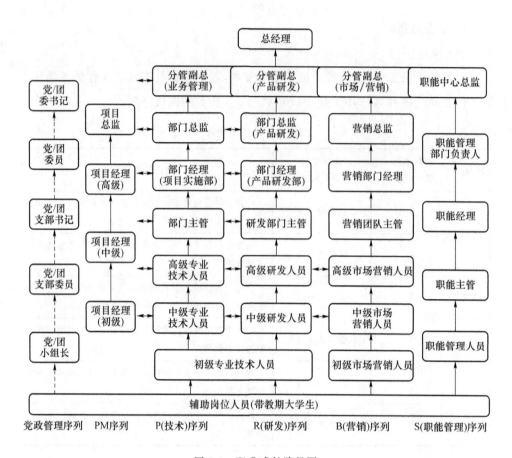

图 5-1　职业成长路径图

▶ **招聘与录用**

1）招聘工作活动表

RT 集团招聘与录用工作按照表 5-5 所示展开。

表 5-5　招聘工作活动表

序号	活动列表	角色	输入	输出
1	提交招聘需求	用人部门	岗位职责、职位信息	《招聘需求申请表》
2	审批招聘需求	业务线高层、总经理、HRD、总裁	《招聘需求申请表》	审批结果

续表

序号	活动列表	角色	输入	输出
3	发布招聘信息并提供简历	招聘人员	岗位职责、职位信息	招聘职位、简历
4	筛选简历	用人部门	招聘简历	合格简历
5	邀约并安排面试	招聘人员	合格简历、沟通记录、面试信息	《工作台账》
6	反馈面试结果并提交录用审批	面试官	面试情况	《面试评估表》、录用审批邮件
7	审批录用	业务线高层、总经理	录用审批邮件	审批结果
8	背景调查和录用洽谈	招聘人员	背景调查结果、录用信息	《背景调查报告》《录用通知书》《聘用信》
9	新员工回访与反馈	招聘人员		《新员工回访表》《反馈记录》

2）招聘渠道管理

常用的招聘渠道有：

（1）网络招聘，是指通过互联网开展招聘。适用于招聘常见的技术人才、专业人才、销售以及管理人才。常用资源有：前程无忧、智联、e成、猎聘、拉钩网、脉脉、BOSS直聘、大街网等。

（2）内部推荐，是指利用员工的关系网推荐人才。这种方式可以提高招聘效率，但容易形成小团体，招聘人员须严格把控推荐来源和数量。

（3）外部推荐，是指外部客户或合作伙伴通过个人社会资源以及外部朋友圈进行推荐（如QQ群、微信朋友圈、人才论坛以及各级人才协会等）。

（4）人才招聘会，是指通过政府或地方人才机构发起组织的招聘会，一般都有特定主题，更具有针对性。

（5）校园招聘，是指针对应届毕业生或在职学生开展的招聘。一般分为专场招聘会和非专场招聘会。招聘人员须提前与校方沟通，准备招聘材料。专场招聘会还需准备宣讲PPT、笔试题、宣传册等。通过校园招聘，可以寻找性价比高、可塑性强的人才作为储备，但此类人才流动性较大，故招聘人员需要在其入职后多加关注。

（6）猎头，是指物色人才的人或者机构，猎头公司通过帮助优秀企业找到需要的人才来达到招聘高级人才的目的。因其收费较高,故招聘人员和面试官在简历筛选环节和面试环节须严格把关。

▶ 绩效管理

大部分企业绩效管理均采用KPI考核法,以n倍月工资作为基数,根据KPI考核系数确定季度、半年度或者年度绩效奖金,该方法比较通用,但真正有效的落地取决于管理人员的管理意识与管理能力,要切实制定科学的KPI指标,按照实事求是的原则开展考核工作,才能真正起到作用。以下为RT集团对其不同序列员工的绩效管理方案,希望能对读者有所帮助。

1. 营销人员绩效管理

1)薪酬结构

薪资总额＝基本工资＋岗位工资＋绩效工资＋奖金(岗位工资含人才津贴、一线城市津贴等),其中,绩效工资占前三项薪资总额(基本工资＋岗位工资＋绩效工资)的比例不低于20%。

2)销售任务设置

根据企业所处行业,确定企业每个销售人员每年的销售任务值和销售毛利任务值,其设置为：

销售人员年度销售指标任务值＝年度个人税前薪资×40；

销售人员年度销售毛利指标任务值＝年度个人税前薪资×40×40%；

营销总监对营销人员设置全年销售业绩指标,并分解至季度销售业绩指标;销售业绩指标须占营销人员季度绩效考核指标权重的80%以上。

3)绩效工资发放

绩效工资季度考核季度发放,在季度末,根据以下三点来考核当前季度是否发放绩效工资：

(1)该季度完成销售业绩指标；

(2)累计完成该季度及之前季度的销售业绩指标；

- 当(1)点满足,正常发放当季度绩效工资；
- 当(2)点满足,正常发放当季度绩效工资,并补发之前已扣除的绩效工资；

- 当(1)不满足,(2)不满足,不发放当季度绩效工资,不补发之前已扣除的绩效工资。

(3) 已完成销售金额当年度可累计,不可跨年累计。

绩效工资=绩效工资基数×绩效系数×出勤率;绩效系数对应表如表5-6所示。

表5-6 营销人员绩效系数对应表

绩效等级	绩效分数	绩效系数
优秀	95~100	2.0
良好	90~94	1.5
合格	80~89	1
及格	60~79	0.5
不及格	0~59	0

4) 奖金计算

奖金一般与销售额、销售量、毛利挂钩,RT集团采取跟利润挂钩的原则,可以激发营销人员提高销售利润,而不仅仅是关注销售量。

(1) 奖金计算规则

营销奖金计算规则如表5-7所示。

表5-7 营销奖金计算规则

奖金类型	奖金计算规则
定制类项目奖金	[项目回款额×(1-税金比例)-PMO预估成本×(1+商务成本预算比例)-渠道成本-人工成本]×n%(N:最高比例为12%,具体分配比例见后文)
采购类项目奖金	
协议类项目奖金	协议类项目奖金发放时限2年,具体由业务高层决定
预估毛利指标超额奖金	当营销人员项目累计毛利总额>预估毛利指标额的100%时,主导人员增加4%作为激励奖金授予营销主导人员 该笔奖金具体计算规则为: (累计毛利总额-毛利指标额)×4%

说明:

税金比例:交易过程中产生的税点,为合同总额的6%

商务成本预算比例:PMO预估成本的4%

毛利指标额:原则上为销售合同额指标×40%,具体以指标分配方案为准

销售人员年度销售毛利指标任务值=年度个人税前薪资×40×40%

(2) 奖金分配规则

营销奖金分配规则如表 5-8 所示。

表 5-8 营销奖金分配规则

项目参与/分类		奖金占比	分配标准
在职销售	信息	1%	属于营销体系部门人员,如品牌部、营销助理等,0.5%奖金给个人,0.5%给所属部门
			高层提供信息来源,可获得 0.5%的"信息来源"奖金
			其他非营销体系个人提供信息,提"信息来源"全额奖金
			存在渠道费用的,不再有"信息来源"营销奖金
	售前	1%	提供 DEMO 或技术售前支持并取得客户认可提1%;只提供技术支持,但技术支持并不是该项目成功签单的主要因素提 0.5%
	跟进	4%	最高不超过 4%,根据跟进实际工作内容,由营销负责人判断
	主导	6%	完全跟进,获得 6%的奖金
			重要环节领导或同事支持,获得 3%的奖金
离职销售	离职前已完成回款的项目		按上述标准给予奖金
	离职前已完成项目回款50%以上(含50%)的		如有跟踪,并在离职后半年内获得全额回款,可按标准给予奖金
			如无跟踪回款,或离职后半年内未获得全额回款,不予发放奖金
	离职前完成项目回款的 50%以下		0

2. 生产人员绩效管理

1) 业绩点任务值

RT 集团考虑软件开发不同专业差异性,以标准化的业绩点来统一衡量整体的工作量,即将各个不同专业的开发任务转化为以业绩点统一度量的工作,完成相应的工作即获得业绩点。企业根据不同人员的薪酬设定业绩点任务值,如表 5-9

所示。

表 5-9 生产人员业绩点任务值

薪酬级别	薪酬范围		人工成本		每月业绩点指标	每天业绩点指标
	下限	上限	下限	上限		
二级		3 000		4 500	283	13
三级	3 001	3 500	4 501.5	5 250	326	15
四级	3 501	4 000	5 251.5	6 000	370	17
五级	4 001	5 000	6 001.5	7 500	435	20
六级	5 001	6 000	7 501.5	9 000	544	25
七级	6 001	8 000	9 001.5	12 000	696	32
八级	8 001	10 000	12 001.5	15 000	827	38
九级	10 001	12 000	15 001.5	18 000	914	42
十级	12 001	15 000	18 001.5	22 500	1 001	46
十一级	15 001	18 000	22 501.5	27 000	1 088	50
十二级	18 001		27 001.5		1 175	54

2）奖金池

部门毛利的 10% 作为总奖金池，其中项目经理奖金池占总奖金池的 35%，P 型员工占奖金池的 65%。

3）奖金核算规则

（1）总原则：月度排名，半年计算发放，年底全年调整，多退少补。

（2）月度业绩点排名以业绩点偏差率为准，业绩点偏差率＝累计实际每月业绩点数/累计薪酬级别月度业绩点指标，PMO 每月 20 日公布上月累计业绩点偏差率的排名情况。

（3）PMO 除公示月度业绩点排名之外，还公示每个部门的毛利，部门毛利的核算由 PMO 牵头，财务、审计、外包每月 15 日之前提供上月度对应成本数据。

（4）每半年时根据 P 型员工业绩点半年度偏差率，结合部门给予每个 P 型人员的考核系数进行综合排名及评级。

表 5-10　P 型人员考核系数评价表

序号	关键绩效指标 KPI	量化目标	衡量标准（评分标准或公式）	权重
1	部门特殊贡献	事件评价	属于加分项，描述每一项事情对于公司或部门的特殊价值，由部门经理判断给予打分	20%
2	敬业精神	综合评价	由部门经理根据员工表现给予打分	20%
3	质量方面	质量合格，无投诉	正常情况下，得分 85 分；出现一般的质量问题，扣 1～5 分；出现一次严重的质量问题扣 5～10 分；出现一次客户邮件或书面的表扬，加 5～10 分，满分 100 分	30%
4	日常综合评定	违规次数＝0	衡量方式：违规次数 表现较好并无违规：95 分以上； 无违规：94～90 分； 违规 1 次：80～89 分； 违规 2 次：60～79 分； 违规 3 次以上：59 分以下	30%
5	临时任务	100%	保质保量提前完成：90～94 分； 按时完成：80～89 分； 个人原因推迟完成：60～79 分； 个人原因没有完成：59 分以下	20%

（5）排名对应等级及发放比例

根据 P 型人员综合排名，确定等级，不同等级的人员分配到不同比例的奖金，如表 5-11 所示。

表 5-11　P 型人员绩效排名对应等级及发放比例

排名情况	等级	发放比例（P 型奖金池）
1～10%	A	30%
11～50%	B	50%
51～80%	C	20%
81～100%	D	0

3. 职能管理人员绩效管理

1) S型人员绩效考核

(1) S型人员绩效采用个人绩效、部门绩效和公司系数三个维度相乘考核模式。

(2) 个人绩效考核

考核内容:本岗位职责规定范围内的工作(参考部门职责及岗位职责说明书);本部门年度常规性项目;考核人安排的日常性或本岗位职责范围内的临时性工作等。

(3) 部门绩效考核

考核内容:采用周边同级部门打分评价方式,综合考虑部门间团队协作、工作支撑、服务保障等情况,以ABCD等级评估形式进行半年度评估。

(4) 公司系数

考核内容:根据S型人员服务经营单位的业绩完成情况,由公司统筹确定。

2) 绩效奖金系数

个人绩效与部门绩效考核分数,决定绩效奖金系数。

表5-12　S型人员绩效奖金系数

人员类型	考核维度	绩效考核等级	考评得分	对应绩效奖金系数	备注
S型人员	个人绩效	A	90～100	1.5	考核分数后有小数点的按四舍五入计算
		B	80～89	0.8	
		C	60～79	0.5	
		D	0～59	0	
	部门绩效	A	4.1～5	1.2	精确至考核分数后小数点后一位
		B	3.1～4	1	
		C	2.1～3	0.8	
		D	0～2	0.4	

说明:部门内个人绩效考核等级得A的人数原则上不超过总数的20%;得A或B的人数原则上不超过总人数的50%。在一个考核单位内,部门绩效得A的人数原则上不超过20%;得A或B的人数原则上总数不超过50%。

3) 绩效奖金核发规则

表 5-13 S 型人员绩效奖金核发规则

绩效类型	发放规则
半年度绩效考核、年度核算与发放奖金	半年计算方式：1/2×全年奖金基数×个人绩效系数×部门绩效系数； 全年计算方式：(上半年绩效奖金＋下半年绩效奖金)×公司系数
	全年奖金基数：2×月度薪资
	考核计算周期：每半年考核一次，全年考核两次
	发放周期：每年发放一次

4. 管理干部绩效管理

1) 奖金包方式

企业高、中、基层管理干部一律纳入奖金包考核方式。奖金包以企业全年净利润为参考依据。

奖金包提取金额＝公司全年净利润核算×20％×提取系数

提取系数＝年度收入增长达成率％×年度利润增长达成率％＝(当年度收入实际增长/当年度收入增长目标)×(当年度利润实际增长/当年度利润增长目标)

2) 奖金包分配

由各公司总经理、各部门分负责人，根据各部门年度绩效目标达成情况及其他参考数据，确定各公司奖金包具体分配比例到部门，由部门负责人逐级分配到个人。

▶ *薪酬与福利管理*

1) 薪酬发放工作列表

RT 集团薪酬发放工作遵循如表 5-14 所示工作列表。

表 5-14 薪酬发放工作列表

序号	活动列表	角色	时间节点	输入	输出
1	考勤统计	各公司 BP	每月 3 日(逢节假日提前)	"钉钉"系统考勤数据	考勤汇总表

续表

序号	活动列表	角色	时间节点	输入	输出
2	薪酬明细表	各公司BP	每月10日(逢节假日提前)	考勤汇总表	薪酬明细表
3	审核薪酬明细表	集团数据组	每月12日(逢节假日提前)	薪酬明细表	集团数据组审核结果
4	邮件报批薪酬明细表	各公司BP	每月13—14日(逢节假日提前)	薪酬明细表	各子公司总经理审批邮件
5	邮件提交薪酬表最终版至财务部	各公司BP	每月14日下班之前(逢节假日提前)	薪酬表最终版	无
6	薪酬最终版存档	各公司BP	每月15日	薪酬表最终版	无

2)薪酬体系设计原则

(1)竞争原则:公司薪酬水平保持在具有相对市场竞争力的水平上。

(2)公平原则:通过对不同职务序列、不同部门、不同职位员工合理的定岗定级来确保公司内部各岗位薪酬的公平性。通过对外部的同行业薪酬调查,保证公司整体薪酬水平不低于同期同行业的平均水平,以此来保证外部薪酬的公平性。

(3)激励原则:公司根据员工的贡献值决定员工的岗级,根据员工绩效的高低决定员工所获得的奖金。

3)薪酬结构

员工劳动报酬结构由基本工资、浮动工资(绩效工资、人才津贴、绩效奖金/提成、加班工资)、各类津贴、社保福利构成;

(1)基本工资:根据岗级各级基本工资对应表确认。

(2)绩效工资:占工资总额的20%。

(3)人才津贴:根据约定工资,超出基本薪资+绩效工资的部分均放入人才津贴部分。

(4)绩效奖金/提成是根据员工的出勤情况、工作考核、公司的效益等自主灵活给予。

(5)各类津贴:参照公司相关福利类制度文件内容约定。

(6)社保福利:参照公司相应的社保福利类标准执行。

4) 福利体系

员工日常享有的福利如表 5-15 所示。

表 5-15 员工福利体系

序号	福利种类	享受人群	每人费用
1	生日福利	正式员工	100/年
2	团队建设	正式员工	200/季度
3	体检	司龄满 1 年员工（截至每年 12 月 31 日）	180～260/年
4	节日福利	全体员工	约 700/年
5	通信补贴	10 级岗及以上各公司总经理及营销总监	400/月
		10 级岗（含）及以上其他管理干部	300/月
		7～9 岗级管理干部	200/月
		4～6 级岗管理干部	100/月
		三大业务线销售员工	200/月
6	通信补贴（项目经理）	兼职	100/月
		初级	200/月
		中级	300/月
		高级	400/月
		项目总监	400/月
7	电脑补贴	全员享有（自愿原则）	120/月（补贴总额 3 600 元）
8	交通补贴	三大业务线销售人员	实报实销
9	差旅补贴	全体员工	70 人/天：国内一线城市；50 人/天，国内二线城市；国外差旅：本着节约的原则，实报实销
10	高层异地租房补贴	高层	1 200～2 500/月

▶ 员工关系管理

员工关系包括了员工调转录离等日常工作、员工沟通以及员工劳动争议处理。

1) 员工入职活动表

员工入职遵循如表 5-16 所示活动表展开。

表 5-16 员工入职活动表

序号	阶段	活动描述	角色	输入	输出
1	入职通知阶段	入职通知	招聘对接人	《聘用信》	《聘用信》
2	入职通知阶段	入职准备	人力资源专员	《劳动合同》《保密协议》《RT集团员工个人资料登记和审核表》《工作指导表》《试用期考核表》《聘用信》	《劳动合同》《保密协议》《试用期考核表》《工作指导表》
3	入职报到阶段	报到	员工	身份证、毕业证书、学位证、户口本、离职证明或退工单、银行卡、体检报告	身份证、毕业证书、学位证、户口本
4	入职报到阶段	审核入职材料		身份证、毕业证书、学位证、户口本、离职证明或退工单、银行卡、体检报告	身份证、毕业证书、学位证、户口本
5	入职报到阶段	签署劳动材料	人力资源专员	《劳动合同》《保密协议》《RT集团员工个人资料登记表》	《劳动合同》《保密协议》《RT集团员工个人资料登记表》
6	入职报到阶段	劳动材料盖章并发放		《劳动合同》《保密协议》	《劳动合同》《保密协议》《致新员工书》、驻扎地地图
7	入职报到阶段	签署《工作指导表》	直属上级或上级指定工作指导者	《RT集团员工试用期工作指导表》	《RT集团员工试用期工作指导表模板》

续表

序号	阶段	活动描述	角色	输入	输出
8		发放试用期考核表	人力资源专员	《RT集团员工试用期考核表》	《RT集团员工试用期考核表》
9		签收员工手册、管理约定等在线制度	员工	《员工手册》《管理约定》等在线制度	《收阅确认函》
10		员工领取办公用品	行政总务或前台	《物品出库单》	《物品出库单》
11		员工领取IT设备	网管	《IT资产领用及归还登记表》	《IT资产领用及归还登记表》
12		陪员工进行内、外部环境介绍，将新员工拉进公司QQ群/微信群，并在群内介绍新员工	工作指导者		
13		为员工开通OA和邮箱账号，发送欢迎信	人力资源专员	员工基本信息、发送邮件(内部包括账号和邮箱信息、所需关注的公众号二维码)、在线制度学习链接及公共登录账号信息、所在驻地地图	欢迎信、OA和邮箱账号、所需关注的公众号二维码、在线制度学习链接及公共登录账号信息、所在驻地地图
14		完善OA中个人信息	员工	OA账号	新员工入职信
15		整理入职材料并存档	人力资源专员	身份证、毕业证书、学位证、户口本、离职证明或退工单、银行卡、体检报告、《RT集团员工个人资料登记表》《劳动合同》《保密协议》等复印件或文件	身份证、毕业证书、学位证、户口本、银行卡、《劳动合同》《保密协议》等原件
16		制度培训	人力资源中心	线上自学，并线上考试	知悉公司有关人事制度

2）离职手续办理阶段活动表

员工办理离职手续阶段要遵循如表 5-17 所示活动表。

表 5-17　员工办理离职手续活动表

阶段		活动描述	角色	输入	输出
离职手续办理阶段	离职员工敏感性判断阶段	判断员工是否属于敏感岗位	分管高层	离职申请表	意见签署
		组织进行敏感岗位竞业处理	人资专员	高层意见	竞业处理记录
	离职交接阶段	离职信息备案、约定最后离职日	员工、人资专员	离职申请表	离职套表
		部门内部工作交接	员工、后备人员、直属上级	离职清单	离职清单
		公司资金结算、物品归还	员工、会计	离职清单	离职清单
		办公用品归还	员工、总务、	离职清单	离职清单
		审核签字	行政主管	离职清单	离职清单
		IT器材归还、关闭账号	员工、网管	离职清单	离职清单
	人事手续办理阶段	最后工作日、提交离职表单到人力资源部	员工	离职清单	离职清单
		向部门助理索要考勤记录、核对离职日	人资专员	离职清单、离职申请表	员工考勤表
		计算当月薪酬明确福利缴纳情况	人资专员	员工考勤表	最后付款清单
		最后付款清单签字确认	员工	最后付款清单	最后付款清单
		开具离职证明	人资专员	最后付款清单	离职证明
		离职面谈	人资专员	离职员工面谈记录表	离职员工面谈记录表
		约定个人资料领取时间	人资专员		
		OA离职处理、人事信息及流程调整	人资专员	离职申请表	离职人员情况表/离职信息统计表
		停保、公积金封存	人资专员	离职证明	社会保险停保证明、公积金提取单、公积金转移单
	离职档案领取阶段	签收离职材料	员工	社会保险停保证明、公积金提取单、公积金转移单	离职档案签收表
		离职人员档案入库	人资专员	员工档案	离职员工档案库

3）员工主动提出岗位异动操作流程

员工主动提出岗位异动阶段要遵循如表 5-18 所示活动表。

表 5-18　员工主动提出岗位异动活动表

阶段	活动描述	角色	输入	输出
员工主动提出岗位异动	由员工本人发起转岗信息邮件经转入转出部门审批通过	异动员工本人、转入转出部门负责人、总经理	转岗邮件	审批意见
	根据转岗信息确认转入转出部门编制及员工是否胜任转入部门岗位职责	转入转出部门对应人力资源主管	转岗邮件	审核意见
	人力资源部根据审批意见与员工及转入转出部门负责人相应的沟通确认转岗相关信息并出具《人事变动表》	转入转出部门对应人资专员	转岗信息	《人事变动表》
	员工本人签署《人事变动表》《工作交接表》	异动员工本人	《人事变动表》《工作交接表》	本人签字的《人事变动表》《工作交接表》
	转入转出部门相关人员确认《人事变动表》《工作交接表》	转入转出部门负责人、工作交接人	本人签字的《人事变动表》《工作交接表》	对应审批人及交接人签字的《人事变动表》《工作交接表》
	人力资源部根据变动表更新花名册、人事月报、OA、钉钉等相关信息并将资料及档案转移至转入部门隶属人力资源部归档	转入转出部门隶属人力资源专员	《人事变动表》《工作交接表》	更新的 OA 系统、钉钉系统、员工档案

4）员工沟通渠道管理

（1）沟通渠道

- 书面渠道：如通知、通告、报告、公函、海报、行政命令、员工手册、内部联络单等。
- 通信渠道：如电话、传真、手机、电子邮件、QQ 等。
- 行政渠道：如行政例会、座谈会、报告会等。

- 其他渠道：如意见箱、意见调查等。

（2）沟通方式

沟通方式分为正式沟通和非正式沟通。

① 正式沟通

上行沟通：下级对上级所进行的信息传递过程，主要方式有报告、汇报等，上行沟通一般为逐级报告、汇报。

下行沟通：上级对下级所进行的信息传递过程，主要方式有命令、规定、通知、公函、手册、正式会议等，下行沟通一般为逐级下传。

平级沟通：各职能部门或人员之间相互进行的信息传递过程，主要方式有会议、内部联络单等。

② 非正式沟通

为补充正式沟通的不足，各部门或人员之间可进行非正式沟通，非正式沟通方式有座谈会、小组活动、友谊交流、主题谈话等。

（3）沟通内容

各部门之间进行工作配合需要协调解决的问题，通过沟通以明确责任人、相关责任、时限、期望效果等，达成一致共识。

各部门负责人针对部门内部就经营管理、品质管理、绩效管理、团队管理、制度管理、组织管理、安全管理、目标管理、职能管理、人员管理、激励管理、日常管理等一系列管理活动中存在于组织、个人和程序上的问题，通过相关沟通渠道使有关问题得以界定，并明确解决之方法、期限、效果、责任等。

5.2 财务经营管理工作指引

▶ 理解财务经营管理

企业财务活动是指与资金有关的业务活动。企业的财务活动包括筹资活动、投资活动和经营活动，财务经营管理就是对企业财务经营活动进行的管理。RT

集团的日常经营涉及资金管理、应收账款、应付账款、固定资产、税务管理、预算管理、财务报表管理以及会计科目设置。本书围绕上述方面介绍财务经营管理实践。

▶ **货币资金管理**

1）货币资金管理活动表

货币资金是指存在于货币形态的资金，包括现金、银行存款和其他货币资金。货币资金管理主要遵循表5-19展开。

表5-19 货币资金管理活动表

序号	任务列表	角色	输入条件	输出成果
1	逐笔登记现金收支业务	出纳	现金收支凭据	现金日记账
2	每月盘点现金，保证账面金额和实际现金数量一致	出纳、经理	按不同票面金额分类汇总	库存现金盘点表
3	逐笔登记银行存款收支业务	出纳	银行收支回单、每笔业务的经济实质	银行存款日记账
4	反映每日银行存款流入、流出和余额的报表	出纳、经理	银行对账单	银行日报表
5	核对企业账目与银行账目的差异，检查企业与银行账目的差错。调节后的余额是该企业对账日银行实际可用的存款数额	出纳	企业财务系统里的银行日记账和银行提供的月度对账单	银行余额调节表

2）现金管理

企业应该设置《现金日记账》，逐日逐笔登记现金收支业务。现金收入的外来原始凭证上要加盖"现金收讫"戳记，并由出纳人员签章。一般情况下不得使用现金，如特殊情况须取现金，出纳需填写《取现申请单》，须由财务经理、总经理、董事长签字后方可取现。

企业对现金管理有严格的要求，不得为其他单位或个人套现现金；不准编制虚假用途套取现金；不准白条抵库；现金库存设定限额；不准私设小金库；存放现金必须使用保险柜,保险柜钥匙由出纳专人保管,密码不得外泄;对库存现金要定期或不定期清查和盘点。每日业务终了,应盘点库存现金并与现金日记账当日余额进行核对,做到日清月结。

3) 银行存款管理

企业设置《银行存款日记账》,每日逐笔顺序登记银行存款收款业务。企业间往来(除特殊情况)必须通过银行存款支付。银行间资金的调拨,应注明转款理由,并得到批准方可转款。企业每日提供《银行日报表》,和银行对账单上数字保持一致。月末做好银企对账,填写《银行余额调节表》,如有未达账项须查明原因,最长不超过一个月。

▶ **应收账款管理**

1) 应收账款管理活动表

应收账款管理要遵循表 5-20 展开。

表 5-20　应收账款管理活动表

序号	任务列表	角色	输入条件	输出成果
1	回避销售风险,定期对客户进行信用评价,并根据信用评价结果确定销售政策	销售总监、财务经理、财务总监	客户营业执照、基本资料、三年财务报表、审计报告、纳税报告	客户信用等级评定表
2	反映客户应收账款月度变动	会计	企业财务系统应收账款明细账、收款回单、销售合同	应收账款明细表
3	按应收账款拖欠时间的长短,分析可收回金额和坏账的金额。通常而言,应收账款账龄越长,其所对应坏账损失的可能性越大	会计、经理	应收账款明细表、合同账期、入账日期	应收账款账龄分析
4	记录销售过程中针对客户的应收账信息以及回款明细	会计	银行收款回单、销售合同、应收账款明细表	销售回款明细表
5	估算企业应收账款无法回收的可能性及损失金额,确保财务报表的谨慎和真实性	会计、经理	可将应收账款按账龄长短分成若干组,并按组估计坏账损失的可能性,进而计算坏账损失的金额	坏账准备明细表

2）收入确认原则

双方合同在满足下列条件时,企业应当在客户取得相关商品控制权时确认收入:合同各方已批准该合同并承诺将履行各自义务;该合同明确了合同各方与所转让商品或提供劳务相关的权利和义务;该合同有明确的与所转让商品相关的支付条款;该合同具有商业实质,即履行该合同将改变企业未来现金流量的风险、时间分布或金额;企业因向客户转让商品而有权取得的对价很可能收回。

3）客户信用等级评定

企业为了更好地判断应收账款情况,可以对客户进行信用等级的评估,评估是以客户的信用履约记录和还款能力为核心,进行量化的评定。通过信用评级可以加强应收账款管理,降低风险。

4）应收账款分析

判断应收款是否正常,即应收账款的增幅与主营收入增幅的对比,这两者应该是同比例增长的,如果出现了应收账款增长率远高于营业收入增长率的情况,这表明企业账款回收难度加大了,而且这样会使企业缺乏可持续发展的现金流。

分析应收账款的质量,一年期以内的所占的比重越大越好,三年以上的越少越好。因为三年以上的账款有50%可能性成为坏账。如果企业三年以上应收账款金额或比例较大,则表明企业应收账款的质量较差,发生坏账的可能性较大。甚至企业以前年度的获利水平是有水分的,这将会对企业今后的盈利水平带来较大冲击。在日常工作中需要登记应收账款明细及分析应收账龄来做好质量管理。

5）回款控制

收款后同一单位的应收账款,预收账款余额结为零。月末同一单位的相同项目应收账款、预收账款不能同时有结余金额。财务部门每月底提供一次应收账款明细表,提供给业务部负责人催款,注明回款时间及未回款原因。业务人员岗位调换、职离必须对经手人应收账款进行交接,交接清楚后,责任由接替者负责。每月末财务人员需要登记好销售回款明细表。

6）坏账准备

坏账是指已确定无法收回的应收账款。由于已确定无法收回的应收账款不可能产生现金流,其已不符合资产定义,故应将其及时从资产中剔除,转作损失、费用处理掉。否则,有违会计核算的真实性原则。

具体来说,坏账准备的计提方法有四种:即余额百分比法、账龄分析法、销货百分比法和个别认定法,常用的为账龄分析法和销货百分比法。

账龄分析法,首次计提坏账准备的计算公式:当期应计提的坏账准备＝∑(期末各账龄组应收账款余额×各账龄组坏账准备计提百分比);以后计提坏账准备的计算公式:当期应计提的坏账准备＝当期按应收账款计算应计提的坏账准备金额＋(或－)坏账准备账户借方余额(或贷方余额)。

销货百分比法计算公式:当期应计提的坏账准备＝本期销售总额(或赊销额)×坏账准备计提比例。

每个月末应当编制应收账款坏账准备明细表。

▶ **应付账款管理**

1) 应付账款管理活动表

应付账款管理要遵循表 5-21 展开。

表 5-21 应付账款管理活动表

序号	任务列表	角色	输入条件	输出成果
1	对企业负债进行账龄分析,做到应付账款心中有数,掌握负债的情况,合理安排资金的运用	会计、经理	应付账款明细表、入账日期、合同账期	应付账款账龄分析表
2	统计每月对厂商的付款情况	会计	银行付款回单、合同	供应商付款统计表

2) 个人报销

当月发生的费用应在当月内报销,财务人员也应在当月入账,隔年发票不予报销;发票报销的期限自开票之日起三个月内,超过三个月不予报销。费用报销时,应将差旅费与日常费用分开填写报销单;费用按项目分开,如确实不能分开,摘要内写明所做项目名称;填写报销单据时,用水笔填写,日期、部门、事由、摘要填写清楚,报销单上单据及附件张数根据报销单所附发票张数填写。

员工因公出差前,应提前填写《出差申请单》;出差申请单须向部门主管审批后,到人力资源部备案,并复印一份,备作报销用,各企业应确定差旅费标准(如表5-22和表5-23所示)。

表 5-22 差旅费标准

出差交通标准		
出差人员岗级	飞机	火车
10级岗(含)及以上人员	以目的地远近,不限	高铁(动车)二等座或硬卧
1～9级岗人员	原则上出差不可以乘坐飞机,特殊情况:(1)距离过远,乘坐火车或者汽车的时间超过8小时;(2)飞机出行总票价低于汽车或者火车票价	高铁(动车)二等座或硬卧
出差住宿标准		
地区	住房标准	备注
北京、上海、广州、深圳	500/晚	出差人员首选各地公司签订的协议酒店
省会城市	400/晚	
其他城市	250/晚	
出差补贴标准		
地区	补贴金额	备注
北京、上海、广州、深圳	70/天	10级岗及以上领导不享受出差补贴;员工因内部原因出差,不享受补贴
其他城市	50/天	

表 5-23 业务费招待标准

人员岗级	北、上、广、深省会城市	其他城市
10级岗(含)及以上	400元/人	300元/人
9级岗人员	300元/人	150元/人
7～8级岗人员	200元/人	100元/人
其他人员	6级岗(含)以下干部、员工均须向上级主管申请后方能发生客户业务费	

3）供应商付款

因业务发生的费用支出，原则上要提前请客户开具发票。经办人提交付款申请，待付款申请审核通过后，财务部审核发票有效性、付款合理性后方能付款。

4）账期管理

账期计算以合同约定的付款基准日及付款条件为准。财务部每月编制应付账款账龄分析表，分析应付款的账期。根据公司制定的付款周期，在付款当日，编制供应商付款统计表，凡是应付账款到期日早于或等于付款日的，安排本次付款，否则需等待下一次公司的付款日才能支付。

▶ 固定资产管理

1）固定资产管理活动表

固定资产管理遵循表 5-24 展开。

表 5-24　固定资产管理活动表

序号	任务列表	角色	输入条件	输出成果
1	登记企业每一项固定资产的全部档案记录	会计	固定资产申请单、采购单和入库单	固定资产卡片
2	登记资产转移时的记录	会计	资产转移的申请单、新资产管理人验收单	资产调拨单
3	对固定资产进行实物清点，以确定各种财产在一定时期的实存数，保证企业资产完整性。对盘点差异及时发现问题，分清责任	会计、经理	固定资产明细账、实际盘点表	固定资产盘点表
4	计算固定资产在使用过程中逐渐损耗而转移到商品或费用中去的那部分价值，反映真实的固定资产账面价值，在寿命期内合理分摊固定资产的金额	会计、经理	固定资产原值、使用寿命、分摊方法	固定资产折旧表
5	根据企业外部信息与内部信息，判断企业资产是否存在减值迹象，有确切证据表明资产确实存在减值迹象时，则需要合理估计该项资产的可收回金额	经理	资产列表、评估参数	资产减值测算表

2）固定资产确认原则

使用期限在一年以上，在使用过程中保持原有物质形态的房屋建筑物、机器设备、运输设备以及其他与生产经营有关的设备、器具、工具等，单位价值在2 000元以上。两者条件须同时满足，否则不予资本化。

3）各部门管理和使用职责

资产管理部门负责固定资产的实物管理，应对所有固定资产进行分类，设置固定资产卡片并详细登记，会同财务定期进行固定资产盘点。

财务部门负责固定资产的价值管理，应根据固定资产实物的增减（购置、报废、盘盈、盘亏、毁损等）及时按有关规定进行账务处理。

使用部门负责固定资产的日常维护、保养以及修理，对固定资产的维护和管理应建立岗位责任制度，落实到人。

4）固定资产过程管理

（1）购置

企业固定资产采购权限实行分级管理，如购置固定资产1万元（不含）以下由集团行政总监审批；1万～3万元（不含）由集团行政分管领导审批，3万元以上的由集团总裁审批。

（2）验收

对验收合格的固定资产，资产主管部门设置固定资产卡片，并出具《固定资产验收单》，一联留存，一联交财务部门作为入账依据。

（3）调拨转移

企业内部资产的调拨与转移，必须通过资产主管部门办理资产转移手续，编制《资产调拨单》，同时由调出、调入部门的双方领导及经办人签字后，完成卡片的交接，财务部门进行相关的会计变更处理。

（4）盘点

资产管理部门应会同财务定期进行固定资产盘点，根据盘盈、盘亏的情况，编制《固定资产盘点表》，保证账实相符。

如发现盘盈、盘亏和毁损，应查明原因，确定责任，分别列明盘盈固定资产的名称、数量、重量价值、估计折旧和盘亏、毁损固定资产的名称、数量、原价、已提折旧等,按照规定程序上报审批。同时,还要研究和提出改进措施,以便进一步加强固定资产的管理。

(5) 折旧

固定资产折旧指一定时期内为弥补固定资产损耗按照规定的固定资产折旧率提取的固定资产折旧。财务部负责编制《固定资产折旧表》,每月进行折旧处理。

(6) 报废清理

公司的固定资产报废处理时,须使用部门提出申请,填写《资产报废单》,将其净损失上报总经理批复后,办理报废清理相关手续。

(7) 减值准备

固定资产在使用过程中会发生损坏、技术陈旧或者其他经济原因,从而导致其可收回金额低于其账面价值,固定资产发生了减值,财务部应当编制《资产减值测算表》,报经领导批准,计算出可收回金额低于其账面价值的差额计提减值准备,并计入当期损益。可收回金额是指资产的销售净价与预期从固定资产的持续使用和使用寿命结束时的处置中形成的预计未来现金流量的现值两者之中的较高者。账面价值指固定资产原值扣减已提累计折旧和固定资产减值准备后的净额。

▶ 税务管理

1) 税务管理活动表

税务管理遵循表 5-25 展开。

表 5-25 税务管理活动表

序号	任务列表	角色	输入条件	输出成果
1	计算企业当期应交增值税	会计、经理	财务报表、进项税、销项税、期初余额	增值税纳税申报表
2	计算企业每季度应交所得税,是预估缴纳,年底会根据全年实际情况多退少补	会计、经理	财务报表及数据	所得税季度纳税申报表

续表

序号	任务列表	角色	输入条件	输出成果
3	所得税汇算清缴,是对上年度所得税清算的一个过程。每年5月31日前向税务机关提交。根据会计准则和税务规定,该调整增加的增加,该减少的减少	会计、经理	全年财报、审计报告、税务政策、每季度所得税预缴情况、企业所享受的各项优惠政策	所得税年度纳税申报表

2)税务登记

税务登记的种类包括开业登记、变更登记、注销登记。

(1)开业登记

应当自领取工商营业执照之日起30日内申报办理设立税务登记,并提供以下资料:

工商营业执照或其他核准执业证件;

有关合同、章程、协议书;

银行账户证明;

组织机构统一代码证书;

法定代表人或负责人或业主的居民身份证、护照或其他合法证件;

税务机关要求的其他需要提供资料。

(2)变更税务登记

应当自工商行政管理机关变更登记之日起30日内,向原税务登记机关如实申报办理变更税务登记,按照规定不需要在工商行政机关办理变更登记,或其变更登记的内容与工商登记内容无关的,应当自税务登记内容实际发生变化之日起30日内,或自有关机关批准或宣布变更之日起30日内申报办理变更税务登记。

(3)注销税务登记

按照规定不需要在工商行政管理机关或者其他机关办理注册登记的,应当自有关机关批准或者宣告终止之日起15日内,持有关证件向原税务登记机关申报办理注销税务登记。

纳税人因住所、经营地点变动,涉及变更税务登记机关的,应当在向工商行政管理机关或者其他机关申请办理变更或注销登记前,或者住所、经营地点变动前,向原税务登记机关申报办理注销税务登记,并在30日内向迁达地税务机关申报办理税务登记。

纳税人被工商行政管理机关吊销营业执照或者被其他机关予以撤销登记的,应当自营业执照被吊销或者被撤销登记之日起15日内,向原税务登记机关申报办理注销税务登记。

纳税人办理注销税务登记前,应当向税务机关提交相关证明文件和资料,结清应纳税款、多退(免)税款、滞纳金和罚款,缴销发票、税务登记证件和其他税务证件,经税务机关核准后,办理注销税务登记手续。

3) 纳税申报及缴纳

月度申报:月度缴纳税款包括增值税和个人所得税。

季度申报:季度需要预先缴纳所得税,但一般企业税额不大情况下,选择先零申报,待年底集中缴纳企业所得税申报表。

年度申报:企业应当自年度终了之日起五个月内,向税务机关报送年度企业所得税纳税申报表,并汇算清缴,结清应缴应退税款。这里必须先进行审计,取得审计报告,并把企业会计利润调整成应纳税利润。

税款缴纳:财务在每月15个工作日前完成各项税费缴纳工作,年度企业所得税在5月31日前完成缴纳工作,逾期不支付税务系统将会自动按逾期天数产生滞纳金。

4) 税务筹划

企业可以通过研究国家相关政策,进行税务筹划,降低税负,具体有如下措施:

① 利用国家对产业的扶持优惠政策。高新技术企业申请备案,享受15%的低所得税税率(正常是25%)。

② 利用研发费的优惠政策。研发费加计扣除申请,可享受税前扣除175%的研发费,从而增加费用,减少所得税。

③ 合理控制业务招待费支出。业务招待费金额比较大,超出税务局扣除限额标准会增加税务负担。提倡员工发生的招待费可以开会务费、住宿等发票,尽量避开"餐饮""礼品""香烟"等字样,合理规划业务招待费支出,达到费用扣除最大化,从而节省企业所得税。

④ 合理利用公司间架构进行税务筹划。

⑤ 从增值税进项发票入手。企业应更多地考虑取得增值税进项发票来进行抵扣,从而增加可抵扣数额,减少企业增值税。

⑥ 避免罚金。罚款支出全额不得税前扣除,公司需提前合理安排资金计划,及时调拨,财务在税务局规定时间内完成扣税工作,做到不产生滞纳金,从而节省企业所得税。

5) 发票管理

发票由财务指定人向税务部门购买,并由财务发票领用登记表人员统一保管;财务指定人员应设置"发票领用单",凡发放票据都必须填写"发票领用单";发票管理人员对所领取的发票必须妥善保管,并及时清点数量;若发票保管人员出现离职或调岗,必须做好盘点工作,将未用过的发票上交财务部,由接管人员签名领用。

▶ 预算管理

1) 预算管理活动表

预算管理遵循表 5-26 展开。

表 5-26 预算管理活动表

序号	任务列表	角色	输入条件	输出成果
1	财务收入和成本预算,集中反映未来一定期间(预算年度)现金收支、经营成果和财务状况的预算	会计、经理	预算期合同表、回款预估、前期合同延续到预算的合同列表、回款预估、成本估算、前期实际成本发生金额	收入和成本预算表
2	对预算期内人工成本所做的经营预算	会计、经理	目前人员数量、预计新增人数、目前薪资结构、工资增长幅度	人工预算表
3	对预算期资本支出的估算	会计、经理	固定资产采购计划、金额、使用年限	固定资产预算表
4	对预算期收到国家返税和各项财政补贴的估算	会计、经理	补贴类别、估计金额及入账时间	政府补贴收入预算表

续 表

序号	任务列表	角色	输入条件	输出成果
5	对预算期其他管理费用和支出的估算	会计、经理	企业日常经营的各项费用如房租、水电、保险、审计费等当年实际支出以及预算期的增长或调整幅度	其他项目预算表
6	全面反映企业预算期内的各项收入成本和费用	会计、经理	收入和成本预算表、固定资产预算表、政府补贴收入预算表、其他项目预算表	预算汇总表
7	反映企业在预算期内的经营业绩,即销售收入、变动成本、固定成本和税后净收益等构成情况	会计、经理	预算汇总表、前期实际财务报表	预计损益表
8	反映企业在预算期末的财务状况,即资金来源和资金占用以及它们各自的构成情况	会计、经理	预算汇总表、前期实际财务报表	预计试算平衡表

2)编制原则

(1)市场导向原则

整个预算的编制要面向市场,预算要建立在充分的市场预测和市场分析的基础上,充分反映企业综合实力,如销售预测、销售费用计划、市场营销计划、成本等,立足于树立竞争优势。

(2)量入为出原则

预算目标的确定要与企业的实际情况相符合,不能把预算指标定得过高或过低,为了应付实际情况的千变万化,预算又必须具有一定灵活性,以免在意外事项发生时影响目标的实现。预算目标尺度的把握应当既对经营者和各级管理人员具有一定压力,又可以让经营者和多数管理人员经过努力能够完成预算,从而使预算有足够的激励性。

(3)战略一致原则

预算的编制必须与企业中长期战略或发展规划保持一致,尽量避免预算与企业战略目标相背离的短期行为。

（4）上下结合原则

预算目标的确定要按照从下到上，再从上到下的程序，充分考虑企业上下各个层面的意见，既保证战略目标的实现，同时也兼顾各部门的情况及员工的意见。

（5）实事求是原则

各责任中心编制的预算要与经营管理情况基本相符，既不能为了求得良好绩效按较低的预算目标编制预算，也不能脱离实际编制目标过高的预算。各类预算表项的计算口径、计算方法、计算标准必须统一，并且必须通过宣讲培训使企业管理人员都清楚地掌握，准确地分类，正确地计算，保证各部门编制的预算数据具有可比性。

3）编制流程

编制时间：年末编制下一年预算，每个季度滚动调整。

收入和成本：PMO根据销售提供的项目合同预算编制以月度为单位的收入成本预算表。

人工预算：HR根据各部门的预算人头数编制以月度为单位的人工成本预算表。

固定资产预算：各部门提供需采购增加的固定资产清单。

补贴收入预算：由公共事务部提供。

其他预算：包括房租、物业、水电、办公室费用、年度审计费、保险费等例行固定费用由行政部和财务部提供。

上述预算表格在总经理确认后，由财务部负责汇总并出具最终预算损益表，预算汇总表由总经理确认后上报集团。

4）预算与实际的对比分析

从不同维度（包括收入、成本、毛利、费用）出发，根据月度实际经营业绩和预算的差异，提供数据上的展现和业务上的解释。从而进一步控制实际费用，达到节约成本、提高业绩，实现既定目标的目的。

▶ 财务报表管理

1）财务报表管理活动表

财务报表管理遵循表5-27展开。

表 5-27　财务报表管理活动表

序号	任务列表	角色	输入条件	输出成果
1	每月向税务申报资产负债表,企业在一定日期的财务状况(即资产、负债和业主权益的状况)	会计、经理	利用会计平衡原则,将各交易科目分为"资产"和"负债及股东权益"两大区块,在经过分录、转账、分类账、试算、调整等会计程序后,以特定日期的静态企业情况为基准,浓缩成一张报表	资产负债表
2	每月向税务申报资产利润表,企业在一定日期的盈亏情况	会计、经理	通过对当期的收入、费用、支出项目按性质加以归类,按利润形成的主要环节列示一些中间性利润指标,如营业利润、利润总额、净利润,分步计算当期净损益	利润表
3	每月向税务申报现金流量表,包含银行存款的增减变动情形,分析企业短期生存能力和偿还支付能力	会计、经理	把各项现金收支划分为经营、筹资和投资活动,并核对银行存款期初和期末余额与表格保持一致	现金流量表

2) 资产负债表

资产负债表是反映企业在某一特定日期全部资产、负债和有者权益情况的会计报表。它反映了公司在特定时间点的财务状况,是公司的经营管理活动结果的集中体现。通过分析公司的资产负债表,能够显示出公司偿还短期债务的能力,公司经营稳健与否或经营风险的大小,以及公司经营管理总体水平的高低。

3) 利润表

利润表,又称为损益表,是反映企业在一定会计期的经营成果及其分配情况的会计报表,是一段时间内公司经营业绩的财务记录,反映了这段时间的销售收入、销售成本、经营费用及税收状况,报表结果为公司实现的利润或形成的亏损。

4) 现金流量表

现金流量表是反映一定时期内(如月度、季度或年度)企业经营活动、投资现金流量表样表活动和筹资活动对其现金及现金等价物所产生影响的财务报表。

5) 财务报告附注

财务报表附注是对资产负债表、利润表、现金流量表和所有者权益变动表等报表中列示项目的文字描述或明细资料,以及对未能在这些报表中列示项目的说明等。财务报表附注可以使报表使用者全面了解企业的财务状况、经营成果和现金流量。主要内容:

(1) 不符合基本会计假设的说明;

(2) 重要会计政策和会计估计的说明,以及重大会计差错更正的说明。

会计报表附注应披露的重要会计政策主要包括:

- 编制会计合并报表所采纳的原则
- 外币折算时所采用的方法
- 收入的确认原则
- 所得税的会计处理方法
- 短期投资的期末计价方法
- 存货的计价方法
- 长期股权投资的核算方法
- 长期债权投资的溢折价的摊销方法
- 坏账损失的具体会计处理方法
- 借款费用的处理方法
- 无形资产的计价及摊销方法
- 应付债券的溢折价的摊销方法

6) 报表的勾稽关系

(1) 会计报表的基本关系包括:

资产=负债+所有者权益;

收入-支出=利润;

现金流入-现金流出=净现金流量。

(2) 根据资产负债表的短期投资和长期投资,对损益表中"投资收益"的合理性进行审核和计算。

(3) 根据资产负债表中的固定资产和累计折旧额,对损益表中"管理费用—折旧费用"的合理性进行复核和计算。

(4) 资产负债表"未分配利润"科目期末数－"未分配利润"科目期初数＝利润表"净利润"科目累计数。

▶ **会计科目管理**

1) 会计科目编号命名规则

RT集团会计科目分为三级明细,前四位数定义一级科目,由政府部门统一设置,不随意修改,如银行存款、应收账款、应付账款等。第五、六位数定义二级科目,在一级科目下企业根据需求设置,如业务招待费、差旅费、办公费、职工福利费等。第七、八位数定义三级科目,在二级科目下企业根据需求设置,如通信费、餐饮、礼品、打印费等。

2) 会计科目分类

(1) 资产类科目:按资产的流动性分为反映流动资产的科目和反映非流动资产的科目。

(2) 负债类科目:按负债的偿还期限分为反映流动负债的科目和反映长期负债的科目。

(3) 所有者权益类科目:按权益的形成和性质分为反映资本的科目和反映留存收益的科目。

(4) 成本类科目:包括"生产成本""劳务成本""制造费用"等科目。

(5) 损益类科目:分为收入性科目和费用支出性科目。收入性科目包括"主营业务收入""其他业务收入""投资收益""营业外收入"等科目。费用支出性科目包括"主营业务成本""其他业务成本""营业税金及附加""其他业务支出""销售费用""管理费用""财务费用""所得税费用"等科目。

3) 会计科目维护

由集团指定人员统一维护,包括申请、修改、作废等,以免重复。月末会计人员对各项目科目金额进行检查,编制试算平衡表,并试算平衡。

5.3 行政管理工作指引

▶ **会议、公共接待、活动**

1) 会议

（1）会议室的预订及使用

因会议或业务需要使用会议室,需预订会议室,填写《会议室预约表单》,待前台审核通过后,方可使用;如出现多人预订同一时间使用会议室,按会议的重要性和紧急性安排,在同等紧急程度上则以"先预订先安排"的原则。

（2）会议服务流程

会议前来访客人的接待安排,茶歇/视频设备的准备;

会议中给客人添水等服务;

会议后的清洁整理服务工作。

2) 公共接待

（1）公共接待的基本原则

维护公司形象原则。接待工作是公司窗口式工作,对于塑造企业良好的形象,具有十分重要的意义,要求参加接待人员必须着装整洁、谈吐得体、热情接待;

规范原则。各相关部门及人员必须高度重视且规范操作,按照申请部门提交的需求,按标准及时做好事前准备、事中服务、事后收尾等工作,作到服务周到;

控制原则。按照申请部门提交的接待需求,结合公司接待标准,行政部可对接待总额进行必要的建议,做好费用控制等工作;

对等接待原则。接待部门必须根据来访人员的级别确定对应级别的接待人员。

（2）公共接待内容

宾客迎送:包括来宾的机场接送、酒店出行接送、欢迎仪式等;

参观介绍:包括公司参观介绍、所在地景点参观介绍等;

接待洽谈:包括同级别对等接待洽谈、会议室、茶歇安排等;

招待服务:包括酒店、餐饮安排等。

(3) 公共接待流程

接待前:接待申请部门提前三个工作日填写《公共接待单》,提交审批;

接待中:根据活动要求或接待标准,提供必要的接待保障及备品准备、安排来客食宿;

接待后:完成礼品、酒水追踪反馈意见,未用礼品入库。

3) 活动组织

(1) 活动分类

年会、战略协调会、私董会、股东会。

(2) 活动实施流程

行政负责活动的实施工作,包括:议程确定—方案撰写—活动预算—通知确认—前期物料准备—现场实施—跟踪保障—会后总结。

▶ 采购管理

1) 行政采购类别

(1) 固定资产类:各类办公家具、IT设备及各类电器及运输工具等;

(2) 行政物品类:各类办公用品、低值易耗品(含IT耗材)、清洁用品;

(3) 礼品类:各类酒水、茶叶、香烟、定制性礼品等;

(4) 其他服务类采购(如猎头资源、培训资源)由牵头部门发起,行政部给予配合。

2) 供应商类别

合作型供应商:长期采购的供应商;

商业性供应商:一次性采购的临时供应商。

3) 采购计划编制

总务、各公司行政主管分别依据所有钉钉通过审核的采购需求信息,形成各自的采购计划表,作为采购实施的依据。

4) 采购实施

实施询价和接受报价,进行报价评审,签订采购合同。

5）验收、入库

采购物资到货之后，由各公司行政部总务负责组织、实施物资验收活动。物资验收应依据采购合同要求和相关的验收标准进行。若是验收不合格，直接退货。行政建立《采供工作台账》，记录采购物品。

▶ **行政固定资产管理**

1）行政固定资产的类别

房屋建筑；

交通运输工具：公司车辆等；

电子电器设备：空调、电视机、冰箱、微波炉、洗衣机、饮水机、咖啡机、榨汁机、消毒柜、电水壶、吸尘器、落地扇、料理机等；

办公家具类：办公桌椅、餐厅桌椅、沙发、茶几、文件柜、桌边柜等；

2）行政固定资产的盘点

每半年盘点一次，由各地总务完成，盘点以房屋建筑、交通运输工具类、电子电器设备类、办公家具类台账数量为依据，进行实物与台账数量的盘点，若发现废损，及时记录在《固定资产盘点记录表》中，根据盘点情况，更新表单。

3）行政固定资产的日常管理

（1）固定资产的维修

各地总务对出现故障并核实无误过的资产，要及时汇报给行政主管，提交《固定资产故障维修申请表》，经行政主管审批后，落实维修。

（2）固定资产的报废

因为工作原因而导致固定资产报废的，经使用部门负责人申请，行政部主管及总经理审批后报废。

▶ **公务车辆管理**

1）公务车辆的出车

公车使用需要提交《出车单》进行申请，申请通过后，司机做好出车准备，在规定时间、地点进行相应活动。

2）公务车辆的维保管理

（1）公司车辆相关证件和钥匙由属地司机统一保管；

（2）司机平时应做好车辆的保养、维修、年检、保险工作，确保车辆处于安全、可靠的良好运行状态，公车的保养和维修由行政部统一管理。一般而言，正常的保养需向属地行政主管汇报，费用报销需属地行政主管签字认可；若需要更换主要部件需向属地行政主管请示。所有维修必须做好记录，建立《维修保养汇总表》。

▶ 物品库存管理

1）入库管理

行政物品库存管理，由各地总务专人专管；

行政物品采购到位后，采购人员凭采购凭证向总务提交《入库申请单》，各地总务做入库登记，在《行政物品库存台账》中记录行政物品入库日期、名称、数量、规格、价格等，并由总务签字，做好入库存放和管理工作。

2）出库管理

（1）整体要求

行政物品的领取要求：坚持"厉行节约、杜绝浪费"的原则，必须通过正确的领用登记手续后方可领取，任何人不得任意拿用；

凡调出或离职人员在办理离职或交接手续时，应将所领用的办公用品（一次性消耗品除外）如数移交给总务，确认无误后在其《离职申请审批表》的"行政物品移交情况"一栏上签字确认。遗失或损坏由领用人赔偿。

（2）办公用品相关要求

办公用品按岗级、职位和工作职责领用；

计算器、订书机、卷笔刀等非消耗文具，每个部门原则只可申领一套，部门人数多的情况下可申领两套；

集团定制的办公用品，一定级别以上人员可领用。

（3）纸张管理相关要求

在确保使用效果的前提下,提倡双面使用。出现的单面纸张或空白部分可裁剪成草稿纸或二次使用。纸张上修改尽量使用铅笔;

讨论稿、草稿纸尽量使用废纸,同时逐步提升电脑的使用水平,提倡环保,向无纸化办公迈进;

会议时,尽量使用多媒体形式进行演示,减少会议的用纸量。

(4) 清洁用品相关管理要求

清洁用品统一由总务领取提交保洁人员,填写《出库单》。其他人不得以任何理由领用。清洁用品严格控制使用量,禁止私自携带厕纸、擦手纸离厕;

清洁用品的使用由保洁人员管理,一旦发现用完,务必在第一时间内及时补给到位。

3) 库存盘点管理

库存盘点管理要求:

(1) 行政物品每月 5 日前盘点,由各地行政库存管理员完成。盘点以办公用品、清洁用品、其他物品台账数量为依据,进行实物与台账数量的盘点。若发现行政物品废损,及时记录在《行政物品库存盘点记录表》中。根据盘点情况,更新《行政物品库存台账》。

(2)《行政物品库存盘点记录表》,需提交当地行政主管审核通过。

(3) 盘点结束后五个工作日内,需将《行政物品盘点记录表》《行政物品库存台账》提交当地行政主管和财务部。财务部设专人不定期到各分公司抽查盘点工作。

(4) 行政部在日常使用和盘点过程中,若发现库存量不足,及时协调采购和补充库存。

4) 储存与废损管理

(1) 仓库要做好安全、防火、防潮、防尘、防虫等工作,物品分类存放,整洁有序。

(2) 非库存管理员不得随意进入库房,如需进入须告知行政部相关人员,在其安排和陪同下进入。

(3) 行政库房钥匙,由行政部总务保管。

(4) 行政库房物品严格按照物品种类和标签摆放,不可随意移动,不可随意摆放,不可随意在墙壁上、物品架上乱涂乱画、张贴字画。

(5) 不得在行政库房抽烟和放置个人物品。

(6) 当天收取的物品,须当天入库完毕,如遇特殊情况,需将货物放入指定区域。

(7) 总务定期对库房进行清洁整理,以达到整洁、干净、摆放合理的要求。

(8) 离开库房时及时清理当天产生的垃圾,熄灯并锁好门窗。

▶ **日常事务管理**

1) 办公环境

为了加强公司办公环境的管理,创建文明、整洁、优美的工作和生活环境,要建立行政巡检制度,表单如表5-28所示。

表5-28 巡检记录表

区域	检查标准	检查时间	检查情况及对策	责任人	备注
董事长办公室	1. 桌面是否收拾整洁				
	2. 地面卫生是否干净				
	3. 茶几、沙发是否干净整齐				
	4. 矿泉水是否及时补充				
经理室	1. 桌面是否收拾整洁				
	2. 椅子摆放是否整齐				
	3. 地面卫生是否干净				
	4. 下班窗户是否关闭				
	5. 下班空调、电源是否关闭				
会议室	1. 桌面是否收拾整洁				
	2. 椅子摆放是否整齐				
	3. 地面卫生是否干净				
	4. 电源、视频设备是否及时关闭				
	5. 下班窗户是否关闭				

续 表

区域	检查标准	检查时间	检查情况及对策	责任人	备注
办公区域	1. 地面卫生是否干净				
	2. 家具是否有损坏				
	3. 窗帘是否在同一高度				
	4. 照明灯是否有坏				
	5. 空调设定温度是否正确				
	6. 绿植有枯叶是否及时清理				
	7. 打印机区域有废旧纸张是否及时清理				
	8. 下班窗户是否关闭				
	9. 下班空调、电源是否关闭				
茶水间	1. 桌椅摆放是否整齐				
	2. 空调设定温度是否正确				
	3. 开水机电源是否关闭				
	4. 下班窗户是否关闭				
记录人		参加人员			

2)电话使用

(1)电话接听

① 公司总机电话由前台接待负责接听;

② 当前台接待处于空岗时,总机电话由其他相关负责人接听,员工都有接听电话来电的责任;

③ 电话铃响起3声内,前台必须接起;

④ 通话时要求面带微笑、彬彬有礼、语言简明扼要、语音清晰、语速适中;

⑤ 接起电话先致以礼貌问候,"您好,某某公司";

⑥ 通话完毕,致礼貌结束语,待对方电话挂断后方可挂断电话。

(2)电话转接

转接电话时,要礼貌地说"请稍等"并马上转接,对方如果要求转接领导,就要礼貌地询问对方的姓名、单位。若是做广告、推销或与公司无关的来电就要拒接。应该用礼貌的借口挡驾,比如说如有需要再联系等。

(3) 电话记录

电话机旁配备纸、笔,主动提供留言服务,随时准备记录来电人提出的要求和帮助解决的事项,尤其对客人的姓名、电话、时间、地点、事由等重要事项认真记录并及时转达有关部门和负责人。

3) 快递收发

(1) 快递邮寄

① 为便于费用结算,公司应当与信誉较好的快递公司签订协议,并选择合适的结算方式达成结算协议(月结),正常情况下的邮寄必须使用与公司签订协议的快递公司,因快递公司业务不能到达等原因,可选择其他快递公司,但必须核实是否能到达。

② 前台需与快递业务员保持良好的联系,有快递需要邮寄,通知快递业务员尽快前来取件,如公司有紧急、重要的物品需邮寄,需要求快递业务员妥善、慎重邮寄。

③ 公司寄件,前台需登记寄件日期、地址、邮寄物品、收件人等相关信息。

④ 前台必须每月登记《快递记录表》,月末提交给总务处。

(2) 快递收取

前台负责收取公司快递和员工快递,收取快递时,应认真检查快递是否完好无损,确认后方能进行验收,并做收件记录。

(3) 快递发放

收取的快递,前台应尽快将其交给收件人。如公司快件,前台应将快件交由部门负责人;如员工个人快件,应告知收件人来前台领取;如是领导快件,则将快件交由领导。

4) 商务预订

(1) 酒店预订

酒店预订一般流程:

① 前台负责帮助出差人员预订酒店,及时将酒店信息告知出差人员。

② 预定人员应选择普通商务型酒店(如汉庭,如家,莫泰168)或同等档次的当地酒店。

③ 预定完成后,及时将酒店信息告知入住人员。

④ 如出差人员临时改变行程,预定人员需及时更改入住时间或退房。

(2) 餐饮预定

餐饮预订的一般流程:

① 前台负责公司商务餐饮的预订,当接到预订通知时,需仔细聆听并记录在案,同时按预订要求对餐位或包厢进行电话预订。

② 前台必须熟记预订客人的人数、姓名、身份、消费标准、用餐时间等信息,及时跟踪到店人员情况。

③ 如超过预订时间用餐人未到,餐厅电话通知询问是否保留所预订的餐位或包厢后要及时跟踪通知预订的人,确认取消预订或延迟预订。

▶ **档案管理**

1) 公司档案分类

RT集团的档案分类如图5-2所示。

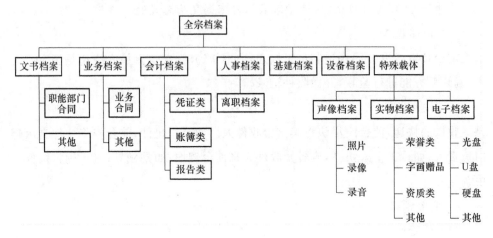

图5-2 企业档案分类图

(1) 文书档案,又称文件档案。坚持各区域公司收集管理原则。由区域档案管理员负责收集、管理并上交本公司内部的文件资料。凡公司打印、发出的公文（含定稿并打印的一份原件与附件、批复请示、转发文件含被转发的原件）原件一律由集团本部档案室收集管理。

在工作活动中形成的文件材料、会议文件由发起部门收集交区域档案管理员，由其整理并移交档案室归档。

归档范围：

- 公司设立、变更、注销文件材料；
- 公司董事会、监事会、股东会构成及变更等文件材料；
- 公司资本登记、资本变动、融资文件材料；
- 公司资产管理文件材料；
- 公司历史沿革、大事记及反映公司重要活动的简报；
- 公司承办的大型展览会、博览会、论坛、学术会议、国际性会议的文件材料（包括会议的通知、会议材料、发言稿、会议记录、会议签到总结等）；
- 政企、社会知名人士视察、调研本公司工作时形成的文件、工作汇报等文件材料；
- 公司向有关政府机关、上级主管单位的请示、报告与有关政府机关、上级主管单位批复、批示；本公司收到的有关政府机关、上级主管单位等相关机构制发的文件材料；
- 公司与金融机构、中介机构及其他组织和个人来往文件材料；
- 公司组织机构设置、司法、内控与审计等管理工作文件材料；
- 公司党、团、工会等党群工作文件材料；
- 公司其他事务管理文件材料。

（2）业务档案。其归档范围主要包括项目立项、合同、实施验收、结项、验收报告、客户评价等材料。

（3）会计档案。其归档范围包括会计凭证、账簿、报告等。

（4）人事档案。其归档范围包括离职人员档案（以人力资源部移交档案内容为准）。

（5）基建档案。其归档范围包括以下内容。

- 立项、前期批复资料(如立项文件、建设用地、征地拆迁文件勘察测绘、设计文件、招投标文件等);
- 房产资料(产权证等);
- 合同(项目建设过程中产生的所有合同,如建设工程勘察、设计合同、总包合同、分包合同建设工程施工合同、委托监理合同、造价审计合同、内装、项目物资购销合同等);
- 图纸(如工程施工结构、建筑、装潢、电气、给排水、暖通竣工图等);
- 工程竣工验收资料(如工程竣工总结报告、竣工验收记录、工程决算文件、工程量计算书、工程签证单、工程结算审定单、竣工图纸等);
- 室内外装饰材料(如景观绿化、室内装饰、配套及办公采购等资料);
- 其他工程类材料。

(6) 设备档案。其归档范围:包括各类设备采购或租赁的审批材料、调查报告、合同、开箱验收记录、图样、安装、维修记录等。

(7) 特殊载体档案。主要包括声像、实物和电子档案。

2) 档案收集整理与归档

(1) 文书档案

合同类由各地印章管理员收集,经办部门经审批流程通过后,携带《合同审批单》前往盖章,印章管理员凭借《合同审批单》履行盖章,并在《合同审批单》上签字。原则上要求凡是盖章合同,需合同另一方先盖章完毕,我方盖章后,由印章管理员现场负责收回合同原件一份,每月末合同原件连同《合同审批单》移交各所在区域档案管理员处,双方填写《部门档案交接表》办理交接手续。区域档案管理员根据印章管理员移交的合同原件和当月实际发生的《合同审批单》,结合当月钉钉合同审批通过情况,核对并登记未收取的合同,次月由档案管理员负责向经办部门追回合同原件。所有当月盖章合同原件,档案管理员次月必须全部收回到位。

非合同类,由文件相对应的关联部门收集,并移交区域档案管理员,无法界定关联部门的则由区域档案管理员收集,最后整理统一移交档案室。

(2) 业务档案

合同类同文书档案合同收集管理办法。

非合同类,但作为同一项目文件,如项目立项文件、实施验收文件、结项报告等由项目部或PMO于项目结项后移交区域档案管理员,由其整理移交档案室。

(3) 会计档案

各地财务部收集,定期移交至区域档案管理员,并由区域档案管理员移交档案室。

(4) 人事档案

各地人力资源中心收集保管在职人员档案,离职人员档案由人力资源中心定期移交至区域档案管理员,并由区域档案管理员移交档案室。

(5) 基建档案

项目部资料员收集,因基建项目特殊复杂性,基建档案由资料员直接整理实时移交档案室。

(6) 设备档案

设备采购部门收集,含前期询价单、订购合同、安装验收材料及后期使用中各种管理与修理、报废资料等,合同类收集同文书档案中合同收集管理办法,其他于实际配置到位后,整套材料移交区域档案管理员,并由区域档案管理员定期移交档案室。

(7) 特殊载体档案

实物类:荣誉、资质证书、赠品

此类档案分散部门较多,公司所有荣誉、资质证书、赠品等实物类档案,相关部门取得后第一时间移交行政部档案管理员。由档案管理员确认档案是否需要留存公司或移交集团档案室。

介质类:声像档案和电子档案

此类档案目前只针对活动产物的收集(对内公司年会、战略协调会、经营管理会议等,对外大型研讨会、峰会、交流会等),因此与公司活动本身紧密相连,档案管理员对公司每场活动的举办务必知晓,并予活动结束后及时收取活动整个过程产生的所有档案,同时活动对接部门须在活动举办前通知档案管理员,并于活动结束后打包整套资料给到档案管理员。

3) 档案移交

各类档案可以设定不同的移交周期,如表5-29所示。

表 5-29 档案移交周期表

序号	档案门类	收集内容	区域收集周期	区域移交周期
1	文书档案	合同	每月	每季度
		其他收文、发文	每月	每季度
2	业务档案	合同、招投标、立项文件、实施过程文件、项目验收文件	每月	每季度
3	人事档案	特殊档案。人事部专门收集,档案室仅做离职人员档案收取归档	一年	收集完及时移交
4	会计档案	特殊档案。财务部专门收集,档案室仅做收取归档	两年	收集完及时移交
5	基建档案	产业园基建工程,在建设过程中各环节产生的有合同、图纸、验收、竣工文件等	实时	实时
6	设备档案	合同、采购验收清单、维修保养记录等	季度	半年
7	特殊载体档案	实物类:荣誉、资质证书、赠品等	实时	每季度
		声像类:照片、录音、录像	实时	每季度
		电子类:光盘、U盘、硬盘等	实时	每季度

4)查档管理

(1)查档形式

本规范所指的查档指档案查阅、借阅和调阅,均指对档案文本即原件的查档。经办部门在移交文本前必须自行留存电子扫描件,各区域档案管理员和集团档案室原则上不再提供扫描件查档形式。

(2)查档权限

① 承办人可直接申请查档自己承办档案,及本部门移交人员档案。

② 集团本部总经理级及以上可直接调阅集团本部档案。

③ 子集团总经理级可直接调阅本集团及下属公司全部档案。

④ 子集团下属公司总经理可直接调阅本公司全部档案。

⑤ 本部及子集团公司部门查档,须统一走档案查借调审批流程,经相关领导审批后方可查档。区域档案管理员依据《档案查借调审批单》,为经办人调出所需档案,并纸质填写《档案借阅登记表》记录档案查档信息。

(3) 查档流程

档案查借调遵循就近原则，查档人须先至各区域档案管理员处提出口头申请，区域档案管理员核实档案存在以及存放地点后，确定档案的具体内容、档案编码，并告知借阅人，由借阅人填写钉钉审批流程，经审核通过后打印《档案查借调审批单》交档案管理员，由档案管理员调出所需档案。

查档人查档原件如存放在非区域档案管理员处，经确认已移交至集团档案室后，由区域档案管理员向集团档案室申请内部调档，同时告知借阅人。集团档案管理员凭借《档案查借调审批单》《调档申请单》，调出档案原件快递至区域档案管理员处。

正常情况下，内部调档工作应在两个工作日内完成。档案调至本地后应及时通知区域档案管理员，由区域档案管理员接收档案并告知查档人，继续协助查档工作，查档结束后，由区域档案管理员收回档案并快递归还至集团档案室。

档案查借阅应于上班时间内为之。

档案现场查档，须集中于指定之处行之，各区域档案管理员提供一相对封闭独立的场所作为临时查档处。

档案如需借出，查档人需按照《档案查借调审批单》的约定时间归还档案至区域档案管理员，如未能在约定时间内归还时，须补办续借手续，但总借阅时间不得超过一个月。借出档案如有急用，档案管理员得随时催还。

(4) 查档人要求

查档之档案应妥慎保管，不得遗失、转借、拆散、污损、添注、涂改、更换、抽取、增加、圈点等破坏档案或变更档案内容之情况。档案借调交还时，档案管理员须当面查看清楚，如发现遗失或损坏，应及时报告主管领导。

档案文本一律存放于档案柜并保持锁闭状态，除档案管理员，任何人不得擅自打开档案柜自行查档。

人事、会计档案，除直接从事该项工作人员可查借阅外，其他区域公司及本部各部门须查阅时，须经相关部门领导批准方可查阅。

经相关领导批准后对所有合同档案进行查阅的查档人必须严格遵守"保守机密、慎之又慎"的原则，不失密，不泄密。

查档人离职或工作变动时,应将所借调档案全部清查归还,并应由其部门主管或上级领导督导其清查归还,如属调用、借调仍在使用尚未归还者,应请档案室打印清册列入职务移交事项,经移、接交人确认无误后,一份送档案室记录保存。

5) 档案的销毁

对已失效的档案,应认真鉴定,编制销毁清册,该清册永久保存;办理销毁手续,经分管领导批准,有专人监督,方能销毁,并在清册上签字。

5.4 IT管理工作指引

▶ IT资产管理

1) IT资产管理活动表

IT资产管理遵循表5-30展开。

表5-30 IT资产管理活动表

序号	任务列表	角色	输入条件	输出成果
1	固定资产分类	集团本部及子集团IT管理员	全集团所有IT设备	各设备类别
2	资产管理流程	集团本部及子集团IT管理员	《员工手册》、IT资产交接	《资产管理流程图》
3	资产管理系统维护	集团本部及子集团IT管理员	《资产盘点表》《人员离职单》	线上资产信息更新维护
4	日常资产管理	集团本部及子集团IT管理员	员工入职、设备损坏、设备更换或升级、员工离职、资产报废	《IT设备领用确认单》、是否赔偿、资产管理系统资产状态变更、《IT设备更换申请表》、签署离职单、资产交接、《IT资产报废清单》
5	固定资产盘点	集团本部及子集团IT管理员	IT所有固定资产	《资产盘点表》

续 表

序号	任务列表	角色	输入条件	输出成果
6	固定资产人为损坏、遗失	集团本部及子集团IT管理员	《设备损坏、遗失处理单》	确定赔偿金额
7	办公耗材管理	集团本部及子集团IT管理员	办公耗材领用、借用	《IT设备领用统计一览表》
8	软件资产管理	集团本部及子集团IT管理员	正版操作系统、软件序列号、授权码	《软件授权及使用情况》

2）资产类别

资产系统中，IT固定资产总体类别分为：笔记本、台式机、液晶显示器、针式打印机、激光打印机、喷墨打印机、一体机（打印扫描多功能）、碎纸机、传真机、手绘板、路由器、交换机、机房UPS电源、手机、平板、IP-PBX、电话（IP电话）、便携式刻录机、彩色监控系统、热敏式打印机、扫描仪、照相机、摄像机、盒子、投影仪、一体机（PC）、服务器。

3）日常资产管理

资产的日常管理，从员工入职安排、设备升级、更换、维修、员工离职资产回收，形成相应流程，并产生一系列工作，制定《资产管理流程图》。

员工入职：接收到人力资源部通知员工入职后，与入职部门负责人确认配置需求，安装设备至工位，新员工入职后，与设备使用人确认并在《IT设备领用确认单》中双方签字，随后登录资产管理系统变更资产信息。

设备损坏：判定人为或者非人为，如为人为：参照"固定资产人为损坏、遗失处理"相关流程进行处理；如非人为：判定资产是否可修复，如不可修复，更换设备并登录OA系统变更资产状态。

设备更换或升级：申请人填写《IT设备更换申请表》，IT协调并审核是否合理，随后安排升级或更换。

员工离职：首先确认员工IT资产是否完好，然后在员工《离职申请单》中签字，在确认员工办公设备数据交接已完成后，回收资产至指定位置，进行全盘格式化并重装系统，登录系统变更资产状态。

资产报废：①资产过于老旧无法满足日常办公需求（以实际资产运行及健康状况为准）；②资产使用过程中硬件严重故障无法修复并已过保修期。以上两种情况的资产，统一整理至《IT资产报废清单》中，每年通过邮件汇报至上级领导处，审批完成后，根据当地实际情况，由行政、IT、财务三部门协同完成资产报废处理。

4）固定资产盘点

以季度为单位对所有IT固定资产进行盘点工作，对资产盘点表中的所有资产的所在位置、状态、使用人进行确认、签字并提交如下表单至IT主管处，由IT主管对盘点信息进行汇总报告至领导。

5）固定资产人为损坏、遗失处理

责任人填写《设备损坏、遗失处理单》，由IT、人力资源部与责任人协调，财务部按照市场价折旧确定赔偿金额，由IT部主管、责任人部门经理、责任人、人事专员确认签字，责任人按照折旧价赔偿。

6）非固定资产管理

（1）办公耗材管理

办公耗材领用、借用，申请人填写《IT设备借用/领用登记表》，方可领用、借用。

（2）软件资产管理

正版操作系统、软件序列号、授权码需统一整理至《软件授权及使用情况》表中，进行统一管理。

▶ **网络管理**

网络管理遵循表5-31展开。

表5-31 网络管理活动表

序号	任务列表	角色	输入条件	输出成果
1	防火墙、流控、二、三层设备健康状态监控	集团本部及子集团IT管理员	设备运行状态	《机房巡检报告》
2	日志信息查看与分析	集团本部及子集团IT管理员	各网络设备操作系统	《机房巡检报告》

续表

序号	任务列表	角色	输入条件	输出成果
3	系统参数、策略调整与优化	集团本部及子集团IT管理员	各办公区域网络变化、调整	网络整改与优化、调整
4	网络参数配置与故障修复	集团本部及子集团IT管理员	各办公区域网络设备参数配置与故障	网络恢复正常、故障得到修复

1) 防火墙、流控、二层、三层设备、IPPBX 维护

(1) 硬件设备健康监控

每周对各类网络设备进行外部巡检,通过设备信号灯、硬盘信号灯、显示面板等检查设备状态是否正常。

(2) 日志信息查看与分析

每周登录各类网络设备系统,查看日志信息并分析是否有报错信息并及时处理。

(3) 系统参数、策略的配置、调整与优化

针对公司的工位调整、带宽需求变化等情况,对各类设备进行参数调整与修改。

(4) 故障排查与检修

对出现的各类网络设备故障进行排查与检修,无法自行完成的情况及时联系客户或技术支持进行处理。

2) 办公区域网络支持

(1) 网络故障诊断与修复

针对员工办公设备网络故障,给予及时支持,短时间内进行检查与修复。

(2) 网络参数配置

对于员工办公设备的网络参数,由 IT 人员负责配置。

▶ IT 信息安全

1) IT 信息安全活动表

信息安全工作遵循表 5-32 展开。

表 5-32 IT 信息安全活动表

序号	任务列表	角色	输入条件	输出成果
1	防病毒程序安装检查	集团本部及子集团IT管理员	信息安全检查	《信息安全检查报告》
2	云服务器开通审核	集团本部及子集团IT管理员	《虚拟服务器资源申请单》 申请人直属领导、IT审核	完成服务器资源开通 《集团服务器资源清单》
3	虚拟化服务器安全检查	集团本部及子集团IT管理员	信息安全检查	《信息安全检查报告》
4	网络资源访问限制	集团本部及子集团IT管理员	流控服务器策略调整与配置	完成对色情、暴力等非法网站的屏蔽
5	服务器端口开放规范	集团本部及子集团IT管理员	防火墙服务器策略配置	《服务器端口映射》
6	数据备份记录	集团本部及子集团IT管理员	服务器重要数据备份	《数据备份记录表》
7	机房管理工作	集团本部及子集团IT管理员	机房环境、服务器状态等检查	《机房巡检报告》

2）办公计算机规范

（1）防病毒程序安装、检查

IT 人员安排的所有办公计算机必须安装防病毒软件，如 360 杀毒、安全卫士、腾讯安全管家、金山毒霸等。

按月度进行信息安全抽检，确认办公设备的防病毒软件运行情况，防止员工私自卸载，为公司网络安全带来隐患。

按半年度进行信息安全全面检查，要求对所有员工进行检查并签字确认，完成后由 IT 主管汇总并汇报。

（2）自带办公设备

自带办公设备的员工同样必须按照《RT 集团信息安全制度》中的相关条例，规范使用设备、网络，并参与信息安全检查，如因个人原因造成公司损失，一律按照《RT 集团管理约定条例》中的相关规定进行相应惩罚。

3）云服务器、虚拟化服务器管理

（1）服务器开通规范

云服务器、虚拟服务器的开通须经过申请、审核流程，由发起人填写《虚拟服务器资源申请单》，经直属领导、IT审批完成后方可协助开通。

（2）云服务器、虚拟服务器管理规范

对集团云服务器、虚拟服务器的资源情况必须统一进行登记并更新，随时掌握公司服务器数量以及资源使用情况。

（3）云、虚拟化服务器安全

所有开通的云服务器必须安装防病毒程序，推荐使用赛门铁克免费版、360、腾讯、金山，其他杀毒软件亦可。

每季度对云服务器、虚拟服务器进行信息安全检查，确保服务器本地安全。

4）网络访问相关职责

（1）公网资源访问规范

对于公网资源的访问，IT人员必须进行相应限制，通过流控服务器限制访问网站；

屏蔽与工作无关网站、应用，如娱乐、影视、购物、股票等；

屏蔽色情、暴力、邪教、反动等不明非法网站；

对每IP进行流量限制，对于特殊需求通过临时调整带宽来处理。

（2）内网资源访问规范

内部服务器资源的管理员账户等信息，必须由IT人员严格控制，并加以统计管理；

员工访问服务器、打印机等网络资源的相关权限，必须有IT人员亲自协助开通，禁止将账户密码信息泄露给非服务器负责人以外人员。

（3）服务器端口开放规范

业务部门因项目演示等原因，需求开放公网端口的，IT人员必须对开放的相应端口、服务器进行记录，并告知申请部门安全风险，以便后期查询；

防火墙公网端口的开放，端口号至少要满足5位数，在一定程度上可提升安全系数。

5）数据备份规范

(1) 备份内容

OA 办公系统网站配置文件、数据库；集团财务系统网站配置文件、数据库；集团协同办公系统网站配置文件、数据库。

(2) 备份办法

服务器本地数据库必须制定本地备份策略,通过 SQL 自带备份工具进行备份；

重要应用服务器数据库、配置文件进行异地备份,通过第三方软件或手动进行。

(3) 备份记录

每月对服务器数据进行异地备份并登记至《数据备份记录表》。

6) 机房管理

(1) 机房环境管理

确保机房环境良好,每月对机房环境进行清理；

每日检查机房温度、湿度是否正常,高温天气下开启空调并 24 小时运行。

(2) 机房设备巡检

每月进行机房网络设备、服务器等设备的外部巡检并填写《机房巡检报告》。

▶ **IT 采购管理**

1) IT 采购管理活动表

IT 采购管理遵循表 5-33 展开。

表 5-33　IT 采购管理活动表

序号	任务列表	角色	输入条件	输出成果
1	设备或服务器选型	集团本部及子集团 IT 管理员	公司需求	确定设备或服务的供应商以及产品参数
2	提交采购申请	集团本部及子集团 IT 管理员	由直属领导、IT 分管高层、子集团总经理审核	审批完成

续表

序号	任务列表	角色	输入条件	输出成果
3	合同签订	集团本部及子集团IT管理员	与供应商签沟通协调各项合同条款并订采购合同	采购合同
4	付款、收货	集团本部及子集团IT管理员	通过钉钉系统发起采购付款流程	完成采购过程
5	软件、硬件产品采购	集团本部及子集团IT管理员	部门需求	《集团采购需求表》
6	发起采购流程	集团本部及子集团IT管理员	邮件审核完成后，由IT人员通过钉钉发起采购申请，由钉钉系统预设的审批人审批	审批完成
7	完成软、硬件采购	集团本部及子集团IT管理员	完成采购，将软、硬件设备登记或录入系统，登记和管理	《软件授权及使用情况》OA资产管理系统
8	安排设备	集团本部及子集团IT管理员	安排至需求部门使用	《软件授权及使用情况》OA资产管理系统

2) 采购流程

(1) 硬件设备

需求方填写《集团采购需求表》，并通过邮件由直属领导审批，抄送至IT人员；

由IT人员填写钉钉系统的采购申请；

由IT采购负责人联系供应商发货；

IT人员接受设备并录入OA资产管理系统，然后安排至需求方使用。

(2) 软件产品

需求方通过邮件提出需求，并由直属领导审批，抄送至IT人员；

IT人员根据需求，寻找软件产品供应商，并进行询价；

确认价格后,提交至 IT 主管、IT 部分管高层、需求部门所属公司总经理进行审核;

确认采购,与供应商拟定采购合同,通过钉钉系统,完成合同签署;

合同签署完成,通过钉钉系统走付款申请,支付款项流程;

支付完成,收到产品后,安排至需求部门使用。

5.5 资质管理工作指引

▶ 理解资质

企业的资质证书主要用于业务投标、项目申报两大领域。对于集团型企业,资质一般由集团总部进行统一管理,部分企业设立公共事务部负责资质管理。企业资质分为以下四种类型。

(1)企业资质

企业资质主要指各级主管部门、行业协会给予独立法人企业的各类资质证书,如国家高新技术企业、科技型中小企业、软件企业、民营科技企业、ISO 体系认证、知识产权贯标认证、ITSS 认证、CMMI 认证等。

(2)行业资质

行业资质主要指由各级行政部门授予企业具体从事某项业务的许可资质,如 ICP 经营许可证、出版物经营许可证、军工保密资质、广播电视节目制作经营许可证、信息网络传播视听节目许可证等。

(3)个人资质

个人资质主要包括公司中高层管理者、核心技术人员、市场人员的学历证书、职业资格证书、荣誉称号等。

(4)荣誉资质

荣誉资质主要指各级主管部门、行业协会、社会团队授予集团及其下属子公司的各类荣誉,如重点文化科技企业、示范基地、博奥奖、先进集体等。

▶ 资质申请

(1) 提交申请需求

集团及下属各子公司资质申办需求部门根据业务开展的需要,提出资质申请需求,填写《资质申请表》,申请单经子公司总经理批准后提交至集团公共事务部。《资质申请表》中需求部门明确以下信息:申请人、所属部门、申请日期、资质名称、需求描述等。

(2) 开展调研分析

公共事务部根据资质申请表内容,指定专人进行调研分析,完成《调研分析表》填写,并给出申请可行性判断反馈给资质需求部门及分管高层。《调研分析表》中需明确以下内容:资质申请基本条件比对、主管部门、有效期、后期管理、注意事项、调研结论等。

(3) 搜集数据信息

对于确定可申请的资质,由公共事务部指定专人进行相关申请资料搜集,按照公司既定流程申请管理类、财务类等资料的调取,并完成相关申请材料的填报与整合。

(4) 提交申请材料

公共事务部成员将资质申请材料经过分别部门主管、分管高层、子公司总经理审核确认后,将送审材料装订成册并报送至主管部门。

(5) 跟踪反馈进度

申请材料送审后,公共事务部每月末以发送邮件形式向资质需求部门及分管高层反馈审核进度,直至资质证书下发。

(6) 资料登记归档

资质证书下发后,由公共事务部专员在3个工作日内填写《资质汇总表》完成资质信息登记。

证书原件由公共事务部按照档案管理要求,送至档案部门进行归档。申请材料电子版及证书扫描件保存至公共事务部共享服务器。

《资质汇总表》主要包括资质名称、申请主体、应用范围、获证时间、有效期、年审情况等信息。

▶ **资质管理**

（1）反馈信息查询

公共事务部按年度公布集团及其下属子公司所拥有的资质情况，并在集团内部共享中上传《资质汇总表》，开放公开查询权限，以供有需求的部门随时查询资质信息。

（2）办理证书调取

需求部门对某项具体资质有证书扫描件调取需求时，填写《资质调取申请表》，以邮件形式发送公共事务部专员，抄送自身所属上级及公共事务部主管。

公共事务部专员在收到邮件后2个工作日内以邮件形式将资质证书扫描件发给需求部门。

证书原件调取流程按照档案部门规章执行。

《资质调取申请表》主要包括资质名称、所属主体、申请用途、需求部门、需求人员等。

（3）定期更新信息

公共事务部每季度指定专人对《资质汇总表》进行核对更新，确保各项信息的准确性、有效性。

▶ **资质维护**

（1）制订年度计划

每年最后一个季度，公共事务部结合已有资质情况及需求部门实际情况，拟定资质维护年度计划，确定需要持续维护的资质清单，并完成《资质维护清单》，填写并上报集团分管领导及各子公司总经理。

《资质维护清单》主要包括资质名称、所属主体、主管部门、主要条件、所需材料、办理时间等。

（2）搜集相关信息

每年11月底前，公共事务部专员根据《资质维护清单》，向各公司主体相关部门搜集相关数据信息,完成《资质信息收集表》填写,并给出是否符合年度维护要求的结论。

《资质信息收集表》主要包括资质名称、所属主体、主要条件及实际情况对比,结论等。

(3) 提交年审材料

公共事务部根据不同资质年审要求及办理时间要求,完成年审材料搜集与整理,并经过部门主管、分管高层审核后,盖章后提交至相应主管部门,完成资质年审工作。

第 6 章　RT 集团运营监管体系

6.1　经营分析

▶ 财务分析

1）财务核算模型

RT 集团每个月对下属各经营单位进行财务数据核算，数据核算的财务模型如表 6-1 所示，该表展示了核算模型以及计算公式与数据源。

表 6-1　财务核算模型

	数据来源	计算公式或简要说明
人数	HR	各经营主体人数
一、主营业务收入（POC）	PMO	POC 不含税收入
二、主营业务成本	公式	（人工）＋（外包）＋（其他运营）
（一）人工	公式	主营业务人工＋非参项人工
1. 主营业务人工	PMO	项目型人员参加项目人工成本＋研发参与项目人工成本
2. 非参项人工	财务＋PMO	账面项目型人员人工总成本－项目型人员参加项目人工成本

续 表

	数据来源	计算公式或简要说明
(二)外包	PMO	PMO按完工比确认的外包成本
(三)其他(运营)	财务	账面主营业务成本(不含人工外包)
三、研发成本	财务＋PMO	账面研发总成本－研发参与项目人工成本
四、毛利	公式	主营业务收入(POC)－主营业务成本－研发成本－渠道费
五、毛利率	公式	毛利/主营业务收入(POC)
六、营业外收入	财务	账面营业外收入30%留存,属于具体经营单位
七、销售成本	公式	销售人工＋渠道费＋销售其他运营
(一)销售人工	财务	财务账面销售人工
(二)渠道费	PMO	PMO依据基础渠道数据按完工比计提
(三)销售其他(运营)	财务	账面销售成本(不含人工渠道)
八、管理成本	公式	以下(一)＋……＋(九)
(一)管理人工	财务	账面管理人工
(二)房租水电物业	财务	账面管理水电物业(各经营主体房租物业水电总额)
(三)管理其他(运营)	财务	账面管理费用(不含人工房租物业水电)
(四)子集团摊入－人工	财务	子集团体系内部分摊人工
(五)子集团摊入－房租水电物业	财务	子集团体系内部分摊房租物业水电
(六)子集团摊入－其他(运营)	财务	子集团体系内部分摊其他管理运营费用
(七)子集团间分摊－人工	财务	各子集团之间直接分摊的人工
(八)子集团间分摊－房租水电物业	财务	各子集团之间直接分摊的房租物业水电
(九)子集团间分摊－其他(运营)	财务	各子集团之间直接分摊的其他管理运营费用
九、集团摊入成本	财务	集团账面总成本按各体系人数分摊
十、计提奖金	公式	以下(一)＋……＋(四)
(一)商务	公式	(当月新签合同额－渠道费)×3%
(二)公共事务部	公式	
(三)S型	公式	管理成本中人工总成本/12
(四)P＋R型	公式	毛利×10%计提

续 表

	数据来源	计算公式或简要说明
十一、利润情况	空	
(一)不含集团分摊利润	公式	毛利＋营业外收入－销售成本－管理成本－计提奖金＋渠道费
(二)含集团分摊利润	公式	毛利＋营业外收入－销售成本－管理成本－计提奖金＋渠道费－集团摊入成本
十二、闲置率	空	
(一)按照工时统计	PMO	闲置空时/总工时
(二)按照成本统计	财务	非参项人工/财务账面项目型人员人工总成本(单独算,不可直接拉公式)
十三、签约情况	空	
(一)2018当月新签合同额	PMO	签单(含框架落单)
(二)2018累计提前启动	PMO	前期累计提前启动＋当月新增提前启动－累计已落单的提前启动
十四、开票额	PMO	当月开票额
十五、回款额	PMO	当月回款额

2) 财务评价指标

RT集团使用的经营状况财务评价指标如表6-2所示。

表6-2 企业经营状况财务评价指标

经营目标达成情况		
指标	指标计算公式	指标的用途
新签订单合同额达成率	累计已发生的签单数/年度目标签单数	年度销售指标达成情况
年度POC达成率	累计已完成的年度POC/年度POC目标数	年度收入指标达成情况
税前利润(不含集团管理分摊)达成率	累计税前利润/年度税前利润目标数	年度利润目标达成情况
税前利润率	累计税前利润/累计已完成的年度POC	年度利润率目标达成情况
人员成本达成率	累计已发生的人员成本/年度人员成本目标数	年度人员成本控制目标情况
用户数达成率	截至当期的用户数/目标用户数	年度用户数目标达成情况

续 表

生产情况分析指标		
指标	指标计算公式	指标的用途
主营业务毛利率	主营业务利润/主营业务收入	反映主营业务盈利能力
闲置率		
(一)按照工时统计	项目型人员非参工时/项目型人员总工时	反映生产人员状态
(二)按照成本统计	项目型人员非参项成本/项目型人员总成本	反映生产人员状态
外包率	外包/主营业务收入	反映外包占用率,反思自身生产能力
销售情况分析指标		
指标	指标计算公式	指标的用途
销售费用占比	销售成本/新签合同额	反映整体销售效率
商务费用占比	销售运营费用/新签合同额	反映商务费用使用效率
商务人员成本占比	商务人员成本/新签合同额	反映商务人员商务能力
管理情况分析指标		
指标	指标计算公式	指标的用途
管理费用占比	管理费用/主营业务收入	反正整体管理效率
房租水电物业占比	房租物业水电/主营业务收入	反映房租使用效率
管理运营费用占比	各自管理运营费用/主营业务收入	反映管理运营效率
回款情况分析指标		
指标	指标计算公式	指标的用途
回款率	回款额/主营业务收入	反映回款效率
整体运营情况分析指标		
指标	指标计算公式	指标的用途
人均产能	主营业务收入/人数	反映整体生产效率
人均净利润	净利润/人数	反映整体盈利能力
经营主体利润率	净利润/收入	反映整体盈利能力
投资周转率	收入/总成本	反映经营实体运营效率

▶ **营销分析**

1）营销跟踪预测

RT集团各经营单位按照月度进行营销跟踪预测分析。一般营销跟踪表分为两类，一类是新项目的跟踪预测表，是指已经获得了项目线索，确定立项，进入销售环节的项目。其需要确定的信息包括：①所属的业务线，便于从业务线角度对整体销售进行分析；②所属的实施团队，便于让实施部门提前进行生产人员安排；③商机类型，包括老客户延续项目、老客户新增项目、新客户项目，便于客户分析；④所属行业，是从行业维度进行客户细分；⑤商务、销售部门，便于分析不同销售部门、不同商务人员的销售跟踪情况；⑥合同额，便于统计项目大小；⑦项目可靠性，根据项目目前的进展，确定项目成功签约的概率，可以提前设定阶梯形的概率值；⑧合同额、开票额、回款额，围绕年度确定的营销计划指标，分析各个跟踪项目可能的落单时间，以及开票、回款的时间与金额。老项目的跟踪预测表相对新项目更为简单，因为部分信息已经明确，且项目已经转入到生产实施部门，营销部门主要负责跟踪的就是开票额与回款额。

表 6-3 新项目跟踪预测表

序号	业务线	实施团队	商机类型	行业	客户名称	项目名称	商务	销售部门	合同额	项目可靠性	10月 合同额	10月 开票	10月 回款	11月 合同额	11月 开票	11月 回款	12月 合同额	12月 开票	12月 回款	10—12月合计 开票	10—12月合计 回款

表 6-4 老项目跟踪预测表

序号	客户名称	项目名称	商务	销售部门	总金额	待开票金额	待回款金额	10月 开票	10月 回款	11月 开票	11月 回款	12月 开票	12月 回款	10—12月合计 开票	10—12月合计 回款

2）营销结果分析

RT集团按照季度、年度会召开经营分析会,会更深入的对营销结果进行分析。营销结果评估通常需要进行四个方面的分析:市场竞争分析、客户分析、收入结构分析、投入产出分析。市场竞争分析主要分析企业的市场占有率、市场排名、客户满意度,反映企业在市场上的总体竞争实力。客户分析主要分析客户数量、流失风险客户数量、流失客户数量、客户保有量,反映客户群体的变动情况,为后续策略优化提供基础。收入结构分析主要从业务线、行业、客户等级、销售部门对销售收入的结构性进行分析,从而辨明各个不同业务线、行业、客户的市场前景以及各个销售部门的营销能力,更有效地进行营销方向与营销队伍的调整。投入产出分析是分析整体营销成本与总收入的占比,以及总营销成本下的营销人工成本、销售费用占总收入的占比,反映企业营销成本的投入产出效率,帮助制定更有效的营销管理举措。营销结果分析如表6-5所示。

表6-5 营销结果分析表

评估大类	评估分项	指标含义(计算规则)
市场竞争分析	市场占有率	本企业的销售规模/市场规模,反映本企业在市场上的销售规模占比,反映综合实力
	市场排名	本企业的销售规模与行业内的同行相比的排位,反映竞争能力
	客户满意度	本企业产品与服务在客户方的满意情况,反映企业产品与服务的市场吻合度
客户分析	客户数量	一定周期内进行过签约的客户数量,反映企业客户规模的大小
	流失风险客户数量	上一个周期有签约,而近一个周期内未能实现签约的客户,反映企业客户潜在流失风险的大小
	流失客户数量	超过两个周期都未能实现再次签约的客户,反映企业客户流失风险的大小
	客户保有量	上一个周期和近一个周期都实现签约的客户,反映企业客户保有情况的大小
收入结构分析	业务线客户合同额占比	从业务线角度分析各业务线的合同额占总合同额的比重,反映各业务线的市场状况与营销情况
	行业客户合同额占比	从行业角度分析各行业的合同额占总合同额的比重,反映各行业的市场状况与营销情况
	客户等级合同额占比	从客户等级角度分析各等级客户的合同额占总合同额的比重,反映各等级客户的市场状况与营销情况

续表

评估大类	评估分项	指标含义(计算规则)
	销售部门合同额占比	从销售部门角度分析各销售部门的合同额占总合同额的比重,反映各销售部门的营销情况
投入产出分析	销售成本占比	总的销售成本/新签合同额,反映企业总体营销的投入产出效率
	销售人员成本占比	销售人员人工成本/新签合同额,反映企业销售人员的劳动生产率的大小
	销售费用成本占比	销售费用/新签合同额,反映企业销售费用的投入产出效率

▶ **交付分析**

交付部分从项目维度,提供每个项目的相关基础数据以及交付生产人员数据,为财务分析、营销分析提供数据,交付分析的主要指标如表6-6所示。

表6-6 交付分析指标

评估大类	评估分项	指标含义(计算规则)
项目人员工时数据分析	外部参项率	参加外部项目的工时/正常出勤工时,反映外部项目的人工投入
	内部参项率	参加内部项目的工时/正常出勤工时,反映内部项目的人工投入
	开工率	(参项工时+管理工时+培训工时)/正常出勤工时,反映员工闲置程度
项目人员成本数据分析	人工费	每个项目的人工投入,反映人工投入占项目成本的比例
	外包费	每个项目的外包投入,反映外包投入占项目成本的比例
	差旅费、采购费、专家费等	每个项目的差旅费、采购费、专家费投入,反映差旅费、采购费、专家费占项目成本的比例
项目完工比收入分析	完工比收入	对应各个项目完工比例计算收入,反映完成交付产值情况
	预测完工比收入	预测未来三个月收入完工比情况,反映未来三个月交付产值情况
项目开票分析	开票数据	当周期项目开票数据,反映项目收入
	预测开票数据	下一个周期项目开票预测,反映项目收入预测情况

续表

评估大类	评估分项	指标含义(计算规则)
回款分析	回款数据	当周期项目回款数据,反映项目收入
	预测回款数据	下一个周期项目回款预测,反映项目收入预测情况
部门毛利分析	部门毛利	根据收入、成本核算部门毛利,反映交付盈利能力

▶ **人力资源分析**

1) 人力资源指标体系框架模型

人力资源管理的目的是在现有人力资源所拥有的人力资本能力基础上,通过一系列的人力资源管理运作,实现人力资源的效率目标。在此前提下,人力资源分析指标体系分为三个层次,分别为人力资本能力层面、人力资源运作层面和人力资源效率层面。

人力资本能力层面指标主要包括与人力资本能力相关的人力资源数量、学历、流动性、年龄、职称等方面的指标;

人力资源运作能力层面指标主要包括人力资源基本运作流程:人力资源规划——招聘——培训开发——考核评价——薪酬——劳动关系等反映各个环节运作能力的基本指标;

人力资源效率层面指标是人力资源管理所要达到的基本效率指标,也是人力资源战略实施的效果反映。

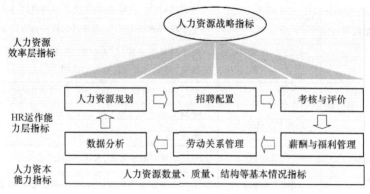

图 6-1　人力资源分析指标体系框架

2）人力资源数据分析指标

人力资源数据分析指标如表 6-7 所示。

表 6-7 人力资源数据分析指标

层次	维度	数据分析指标	参考计算公式	统计频率
能力层面	人员属性	职位信息	职位类别、管理层级、用工方式等	月度
		人员信息	性别、年龄、学历、工龄、司龄、职称、技能等	月度
		人员增减率	（本期员工数－上期员工数）/上期员工数	年度
		人员岗位分布	报告期末企业（部门）各岗位上实有人员的数量以及所占总人数的比重	半年度/年度
		内部变动率	异动人数/平均在职人数	半年度/年度
		员工离职率	离职总人数÷统计期平均人数	半年度/年度
运作层面	招聘配置	招聘总成本	内部成本＋外部成本＋直接成本	年度
		人均招聘成本	招聘成本/招聘人数	年度
		应聘者比例	应聘人数/计划招聘人数	季度
		员工录用率	录用人数/应聘人数	季度
		招聘到岗率	到职人数/录用人数	季度
		试用期适岗率	通过试用期的人数/到职人数	季度
		面试人数	面试总人数及人数分布：按职能与层级	季度
		招聘完成比例	录用人数/计划招聘人数	季度
		招聘渠道分布	内/外部招聘比例＝内/外部招聘人数/录用人数	季度
	薪酬福利	工资总额增长率	（本期工资总额－上期工资总额）/上期工资总额	半年度/年度
		各类型人均工资	统计期各类型员工工资总额÷统计期内各类型员工平均人数	半年度/年度
	考核评价	绩效等级分布	绩效考核各等级人数/员工总数	月度/季度/半年度
	劳动关系	工伤事故件次	是指员工发生工伤事故的数量	年度
		劳动仲裁案件次	是指员工到劳动仲裁庭申请劳动争议仲裁的案件数量	年度

续表

层次	维度	数据分析指标	参考计算公式	统计频率
效率层面	效能分析	人事费用率	人工成本总额/销售额	半年度/年度
		劳动分配率	人工成本/(利润＋人工成本＋折旧＋税收净额)	半年度/年度
		HR职能成本费用率	HR职能成本费用/销售收入	半年度/年度
		人效增长率比	人工成本增长率/利润额增长率	半年度/年度
		人均销售额	销售额/平均人数	半年度/年度
		人均利润	利润额/平均人数	半年度/年度
		人均运营成本	运营成本/平均人数	半年度/年度
		人均人工成本	人工成本/平均人数	半年度/年度
		人力成本占比	年度人力成本总额÷当年管理费用总额×100%	半年度/年度

6.2 会议跟踪

经营分析旨在从结果层面对集团运营进行监管,而会议跟踪旨在从经营过程对各经营主体运营情况进行监管。RT集团制定了集团的会议管理规范,旨在形成会而有议、议而有决、决而有行、行而有果的企业会议文化。

▶ **会议分类和内容**

1) 会议分类

按照召开主体分:集团本部会议、子集团会议;

按照会议内容分:战略类会议、运营类会议、管理及业务专题类会议。

2) 集团本部会议内容

(1) 集团战略协调会

每年两次,一般在年度中期和年末。由集团总裁发起,旨在明确发展战略,优化发展策略,调整业务方向、组织架构与重要岗位,解决影响战略实施的重大问题。

(2)集团职能部门月度管理例会

每月固定日期召开。由集团运营总裁发起,旨在分析各类管理问题,商议集团各类管理改进举措并付诸实施。

(3)集团其他各部门会议

部门以周或者月为单位召开工作例会,通报本部门工作绩效,分析存在问题并提出解决方案。

3)子集团/子公司会议内容

(1)子集团月度经营分析会

每月固定日期召开。由各子集团总经理、子公司总经理发起,旨在分析上期的各项经营指标,部署各项经营工作任务。

(2)子集团管理例会

每月固定日期召开。由各子集团总经理发起,旨在解决子集团管理中存在的问题。有时候此会议根据具体管理需求可与月度经营分析会并会,或者单独召开,但会议纪要需要独立做记录。

▶ **会议管理流程**

1)会前组织

会议组织方应提前做好会议议程准备工作(包括确定会议时间、地点、议题、与会人员等),并向与会人员发出会议通知或约会。这些工作在钉钉会议系统中开展。

为了提高效率,会议组织人员需要提前准备会议资料,并在约定时间前发送会议组织方。对于需要讨论的方案型议题,需要提前将方案或者相关资料送达会议人员,提前熟悉会议资料;对于问题征集型会议,需要讨论的议题由会议组织者提前向参会者征集。

会议组织方在会前需对会议资料进行整理,完成电子、书面材料准备及投影设备调试,保障会议按时顺利高效开展。

2) 会中控制

每个会议都需明确会议主持人或会议秘书,会议主持人或会议秘书应在会议正式召开前检查并公布人员出席情况,对迟到或未出席人员进行原因说明;并在会议期间控制会议节奏,确保会议按既定议题进行,达成目标结果。

与会人员应遵守会议纪律,会议期间不得离开会场或接听电话。

记录人员应如实记录会议内容,并根据实际情况进行摄像、录音及拍照等。

3) 会后跟进

会议记录人员应在会议结束后一个工作日内完成会议纪要,并将会议纪要和会议决议发布在钉钉会议系统中。会议纪要要简洁,重点问题要突出,形成的决议要明确,任务与责任人要清晰。

会议纪要除了发送给与会人员,还要求抄送至相关领导,集团管理例会、子集团月度经营分析会、子集团管理例会纪要必须抄送集团总裁;子集团管理例会纪要必须抄送集团助理总裁;会议决议涉及相关部门必须抄送相关部门领导。

每次例行会议召开,会议主持人必须回顾上次会议决议执行情况。

6.3 日常运行

RT集团除了定期对生产、经营情况进行经营分析,职能管理部门每个月也召开管理会议,进行企业日常运行分析,每个月跟踪设定的运行指标,形成日常运行月报,掌控公司的运行状态,防范运行风险。企业日常运行监控指标如表 6-8 所示。

表 6-8　日常运行指标

部门	运行监控指标
行政部	各区域月度行政采购
	各区域月度物品领用
	各区域月度私车公用
	各区域月度接待
	月度会议召开
	各区域近期重大事项
人力资源部	各经营主体月度考勤情况
	各经营主体月度入职情况
	各经营主体月度离职情况
	各经营主体月度异动情况
	各经营主体工资发放情况
	各经营主体劳动风险情况
	各经营主体培训工时情况
	各经营主体近期重大事项
财务部	各经营主体报销情况
	下属公司设立与注销情况
	税务情况
	应收账款跟踪情况
	各经营主体近期重大事项
IT	IT固定资产采购情况
	IT故障情况
	IT信息安全情况
	其他重大事项
运营部	制度建设情况
	流程优化情况
	流程审批效率情况
	其他重大事项

6.4 内控管理

1) 内控管理方法

企业开展内部控制的目的是为更好地完善公司的治理结构,规范内部控制管理,保障公司经营管理合法合规、资产安全、财务报告及相关信息真实完整,提高经营效率和效果。

内部控制通常是由公司的董事会、经理层和全体员工实施的过程。企业要设立专业的内控管理部门和由各部门内控协调员组成的内控工作小组。

内控管理本身有国际管理规范和方法,也有国内必须遵循的法律法规。在国内上市企业必须根据国家发布的《企业内部控制基本规范》《企业内部控制应用指引》《企业内部控制评价指引》来开展企业的内控管理工作。RT集团根据自身业务需要,设置了自身的内控检查表单。

2) 内控检查

内控管理工作最重要的动作是内控自评、内控检查和专项监督检查。公司结合内部监督情况,定期对内部控制的有效性进行自我评价、内控检查和专项监督。RT集团每年至少组织开展一次内控自评和一次内控检查工作,出具内部控制自我评价报告和内控检查报告。检查流程如图6-2所示。

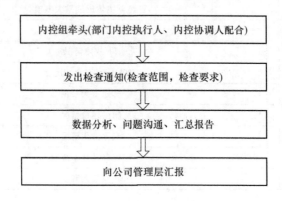

图6-2 内容检查流程图

表6-9所示为对人力资源部分项目内控检查的表单,供读者参阅。

表6-9 人力资源内控检查表

控制目标编号	控制目标	控制活动编号	控制活动	风险点	控制属性编号	控制属性(检查内容)(抽查当年业务量的10%~20%)	适用的公司层级	控制的重要性(重大/重要/一般)	自评描述及自评结论	
									自评实际控制状况及控制效果描述	自评结论
HRCO-a-1	人力资源制度制定完整、有效,保证合规性,符合人力资源管理的要求。	HR-a-01	企业应当重视人力资源建设、建立科学的人力资源管理制度,对人力资源规划与实施、激励与约束、离职等作出明确规定,充分调动与体现团队的积极性、主动性和创造性,全面提升企业的核心竞争力	人力资源管理无据可依,人力资源制度违反国家或当地政策法规	HR-a-1-1	人力资源部制定《员工手册》《RT集团试用期员工管理规定》《RT集团人职离职管理规范》《RT集团员工人事变动管理规范》《RT集团员工管理约定》《考勤制度》《招聘管理制度》等人力资源管理制度;人力资源管理应根据国家或地方修订法规或发布新法规及地方内部政策变化及时进行修订	全部适用	重大		
HRCO-a-2	保证企业人力资源合理布局	HR-a-02	企业应当根据发展战略,结合人力资源现状和未来需求预测,制定人力资源总体规划,优化企业人力资源整体布局,确保人力资源供给和需求达到动态平衡,实现人力资源合理配置	人力资源缺乏、结构不合理或人力资源剩余	HR-a-2-1	检查是否有年度人力资源计划,是否经过审批,包括定岗定编、招聘渠道预算等	全部适用	重大		

续表

控制目标编号	控制目标	控制活动编号	控制活动	风险点	控制属性编号	控制属性(检查内容)(抽查年业务量的10%~20%)	适用的公司层级	控制的重要性(重大/重要/一般)	实际控制状况及控制效果描述	自评结论
			企业应当根据人力资源总体规划,结合生产经营实际需要,制定年度人力资源计划,按照规定的权限和程序审批后实施							
HRCO-a-3	确保岗位职责界定清晰	HR-a-03	部门职责梳理(2018年梳理职能部门职责)	公司部门的职责之间工作边界不清晰,实际工作中会出现职责划分不清晰的情况,不便于做好绩效考核	HR-a-3-1	检查是否制定部门职责说明书	全部适用	重要		

续表

控制目标编号	控制目标	控制活动编号	控制活动	风险点	控制属性编号	控制属性内容（抽查令年业务量的10%~20%）	适用的公司层级	控制的重要性（重大/重要/一般）	实际控制状况及控制效果描述	自评描述及自评结论
HRCO-a-4	确保员工入职、转岗、调岗、离职等符合相关规定，不影响公司正常运作	HR-a-04	入职管理	如不按合规流程操作，会导致劳动关系风险	HR-a-4-1	材料是否齐全	全部适用	重要		
					HR-a-4-2	劳动合同是否按期签订	全部适用	重要		
					HR-a-4-3	员工是否签署相关规章制度文件	全部适用	重要		
			试用期管理		HR-a-4-4	试用期考核表是否按照规则，完整填写	全部适用	重要		
					HR-a-4-5	转正时同，转正流程是否按规定执行	全部适用	重要		
			人事异动（转岗、调岗等）		HR-a-4-6	人事异动表是否按流程执行	全部适用	重要		
					HR-a-4-7	人事异动表签署是否完整	全部适用	重要		
			人事档案管理		HR-a-4-8	劳动合同原件等关键性档案是否按规则保管	全部适用	重要		
			离职管理		HR-a-4-9	是否按规则办理离职手续（离职时与财务部门是否结算费用）	全部适用	重要		
					HR-a-4-10	是否按时办理（社保、公积金缴纳期限是否合理）	全部适用	重要		
			招退工手续办理		HR-a-4-11	离职结算清单中相关条款是否符合规则	全部适用	重要		
			考勤管理		HR-a-4-12	钉钉考勤权限是否按规则设置	全部适用	重要		
					HR-a-4-13	考勤表员工本人是否签字	全部适用	重要		

续表

控制目标编号	控制活动编号	控制活动	控制目标			适用的公司层级	控制的重要性(重大/重要/一般)	自评描述及自评结论	
			风险点	控制属性编号	控制属性(检查内容)(抽查令年业务量的10%~20%)			实际控制状况及控制效果描述	自评结论
HRCO-a-5	HR-a-05	薪资表、奖金表制作与审批	如不按合规流程操作,会导致劳动关系风险	HR-a-5-1	薪资表、奖金表相关审批人是否审批(邮件或签字原件)	全部适用	重要		
		特殊调薪		HR-a-5-2	是否按规则审批(审批邮件或其他书面批复)	全部适用	重要		
		社保、公积金管理		HR-a-5-3	是否按规则申请及支付	全部适用	重要		
HRCO-a-6	HR-a-06	人员信息及数据	人员信息不够准确、及时	HR-a-6-1	各子集团按月汇总花名册	全部适用	一般		
				HR-a-6-2	二级部门及以下部门,HR是否及时更新组织架构,并通知相关部门	全部适用	重要		
				HR-a-6-3	一级部门以上及重大部门调整是否发布	全部适用	重要		
				HR-a-6-4	员工敏感信息跨部门发送需按流程审批	全部适用	重要		
HRCO-a-7	HR-a-07	绩效管理	绩效考核标准建设有或执行不够清晰、准确,填写不规范	HR-a-7-1	是否按规则收集绩效考核表	全部适用	一般		
				HR-a-7-2	绩效表单填写是否符合规则	全部适用	一般		

第 6 章 RT 集团运营监管体系

续表

控制目标编号	控制目标	控制活动编号	控制活动	风险点	控制属性编号	控制属性内容（检查）（抽查当年业务量的 10%~20%）	适用的公司层级	控制的重要性（重大/重要/一般）	自评描述及自评结论	
									实际控制状况及控制效果描述	自评结论
HRCO-a-8	确保选聘员工的人岗匹配度，并符合公司相关要求（含企业文化认同度等）	HR-a-08	企业应根据部门业务发展，制定及更新部门岗位说明书，并在此基础上招募要求的岗位匹配的人才	未按要求招聘到岗位匹配的员工	HR-a-8-1	招聘渠道是否按流程审批	全部适用	一般		
					HR-a-8-2	招聘需求的确认是否按流程审批	全部适用	一般		
					HR-a-8-3	是否对关键性岗位做 HR 初面筛选	全部适用	一般		
					HR-a-8-4	HR 应对"特殊人才"应聘者入职前进行背景调查，在特殊情况不适合或无法转正前进行，可在应聘者背景调查后，记录并保存应聘者背景调查结果	全部适用	重要		
					HR-a-8-5	招聘录用时，是否按招聘审批流程审批	全部适用	重要		
HRCO-a-9	避免发生劳动争议给公司带来经济损失、声誉损失	HR-a-09	劳动争议	没有预先的管理预案，公司对员工的管理会陷入被动	HR-a-9-1	对绩效不佳的员工是否提醒用人部门留存相关证据	全部适用	重要		

3）内控缺陷整改

内控缺陷整改是责任部门及时对发现的内控问题进行原因分析,有效整改。首先需要确定内部控制缺陷认定标准。认定标准是公司内部控制评价结论形成的依据。对于内部控制评价过程中发现的控制缺陷,结合公司自身的实际情况和关注重点,制定适应公司当前发展的内部控制重大缺陷、重要缺陷和一般缺陷的认定标准。缺陷严重程度、认定机构及纠偏措施间对应关系如表6-10所示。

表6-10 缺陷认定与纠错对应表

缺陷类别	应对方式	初步认定机构	最终认定机构	负责整改纠偏的监督机构	应对措施
一般缺陷	关注、弥补或修正	内控自评部门	内控工作小组	内控工作小组	给予关注,或将目前状况调整至可接受水平
重要缺陷	修正	内控自评部门 内控工作小组 公司经理层	公司经理层 RT发改委	公司经理层	经理层应采取行动或者督促有关部门采取行动解决存在的问题,阻止对控制目标产生较大负面影响的事件的发生
重大缺陷	修正	公司经理层 RT发改委	董事会	董事会	董事会给予关注,并督促有关部门立即进行原因分析、采取纠错行动

内控部门组织相关部门开展缺陷整改工作,按照计划在约定的时间完成。内控组织部门对整改的效果进行查验,查验通过的视为整改问题关闭,查验未通过的继续整改直到缺陷问题得到解决。

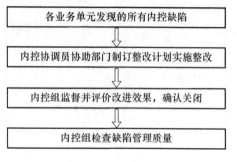

图6-3 缺陷管理流程

4）制度建设

RT集团将内控管理作为制度完善的重要举措,每年组织公司各专业部门对公司制度进行适用性回顾和评估,查缺补漏,不断完善各项制度。表6-11是RT集团制度列表,已经构建了较为完善的制度体系。

表 6-11 企业制度清单

序号	制度编号	制度文件名称	主控部门
1	RTJT-XZ/Q-001	RT集团车辆管理制度	行政部
2	RTJT-XZ/Q-002	RT集团公共接待管理规范	
3	RTJT-XZ/Q-002	RT集团信件快递及传真的收发管理规范	
4	RTJT-XZ/Q-004	RT集团行政物品库存管理规范	
5	RTJT-XZ/Q-005	RT集团采购管理制度	
6	RTJT-XZ/Q-006	RT集团固定资产管理制度	
7	RTJT-XZ/Q-006	RT集团档案管理规范	档案组
8	RTJT-XZ/Q-007	RT集团档案管理员操作手册	
9	RTJT-PP/Q-001	RT集团网站新闻及公告发布管理规范	品牌部
10	RTJT-PP/Q-002	RT集团名片制作规范	
11	RTJT-PP/Q-003	RT集团宣传品设计制作标准工作流程规范	
12	RTJT-FA/Q-001	RT集团财务制度	财务部
13	RTJT-FA/Q-002	RT集团预算管理制度	
14	RTJT-FA/Q-003	RT集团合同管理规范制度	
15	RTJT-FA/Q-004	RT集团公章借出管理规范(新名称:集团公章原件借出管理规范)	
16	RTJT-FA/Q-005	RT集团印章管理制度	
17	RTJT-FA/Q-006	RT集团资金往来管理规范	
18	RTJT-FA/Q-007	RT集团应收账款管理规范	
19	RTJT-FA/Q-008	RT集团发票管理规范	
20	RTJT-FA/Q-009	RT集团开票信息管理规范	
21	RTJT-FA/Q-010	RT集团部门预算管理规范	
22	RTJT-IT/Q-001	RT集团计算机管理制度	IT部
23	RTJT-DX/Q-001	RT集团内部讲师管理制度	RT大学
24	RTJT-DX/Q-002	RT大学培训工作管理制度	
25	RTJT-RTDX/Q-001	RT集团培训管控办法	

续表

序号	制度编号	制度文件名称	主控部门
26	RTJT-ZC/Q-001	RT集团课程实施工作规范	知识与创新管理中心
27	RTJT-ZC/Q-002	RT集团成本支付规范	
28	RTJT-ZC/Q-003	RT集团师资管理规定	
29	RTJT-ZC/Q-004	RT集团RT知识收集与管理制度	
30	RTJT-YF/Q-001	RT集团产品研发流程管理办法	
31	RTJT-ZC/Q-006	RT集团知识共享与风险防控制度	
32	RTJT-PMO/Q-001	RT集团项目经理SOP手册	PMO
33	RTJT-PMO/Q-002	RT集团项目管理制度总则	
34	RTJT-PMO/Q-003	RT集团深度售前制度	
35	RTJT-PMO/Q-004	RT集团项目报价制度	
36	RTJT-PMO/Q-005	RT集团项目立项制度	
37	RTJT-PMO/Q-006	RT集团项目跟踪制度	
38	RTJT-PMO/Q-007	RT集团验收交付制度	
39	RTJT-PMO/Q-008	RT集团项目结项制度	
40	RTJT-PMO/Q-009	RT集团项目售后制度	
41	RTJT-PMO/Q-010	RT集团质量保证制度	
42	RTJT-PMO/Q-011	RT集团变更管理制度	
43	RTJT-PMO/Q-012	RT集团配置管理制度	
44	RTJT-PMO/Q-013	RT集团业绩点管理制度	
45	RTJT-PMO/Q-014	RT集团项目外包制度	
46	RTJT-HR/Q-001	RT集团试用期员工管理规定	HR
47	RTJT-HR/Q-002	RT集团P型干部绩效制度	
48	RTJT-HR/Q-003	RT集团P型员工绩效制度	
49	RTJT-HR/Q-004	RT集团S型人员绩效制度	
50	RTJT-HR/Q-005	RT集团S型人员绩效制度A.1(2018修订)	
51	RTJT-HR/Q-005	RT集团营销人员绩效与项目奖金方案	
52	RTJT-HR/Q-005	RT集团营销人员绩效与项目奖金方案A.1(2018修订)	
53	RTJT-HR/Q-006	RT集团干部福利实施流程	
54	RTJT-HR/Q-007	RT集团管理约定条例	
55	RTJT-HR/Q-008	RT集团贡献值考核管理规范	

续 表

序号	制度编号	制度文件名称	主控部门
56	RTJT-HR/Q-009	RT集团干部任免管理规范	
57	RTJT-HR/Q-010	RT集团入职管理规范	
58	RTJT-HR/Q-011	RT集团员工离职管理规范	
59	RTJT-HR/Q-012	RT集团人事变动管理规范	
60	RTJT-HR/Q-013	RT集团笔记本电脑补贴方案	
61	RTJT-HR/Q-014	RT集团招聘流程	
62	RTJT-HR/Q-015	RT集团考勤管理制度	HR
63	RTJT-HR/Q-016	上海RT企业管理集团"钉钉"考勤软件操作规范	
64	RTJT-HR/Q-017	RT集团项目经理专业等级评定及任用管理办法	
65	RTJT-HR/Q-018	RT集团员工人事档案管理规范 A.0	
66	RTJT-HR/Q-019	RT集团产品研发类人员绩效管理与激励方案	
67	RTJT-HR/Q-0	RT集团保密制度	
68	RTJT-HR/Q-0	RT集团员工晋升制度	
69	RTJT-HR/Q-0	RT集团员工出差管理办法	
70	RTJT-YY/Q-001	RT集团制度梳理管理规范	
71	RTJT-YY/Q-002	RT集团制度推行管理规范	
72	RTJT-YY/Q-003	RT集团战略规划管理制度	
73	RTJT-YY/Q-004	RT集团经营计划管理制度	运营管理部
74	RTJT-YY/Q-005	RT集团QA检查管理规范	
75	RTJT-YY/Q-006	RT集团职能部门例会管理规范	
76	RTJT-YY/Q-007	RT集团改进建议管理规范	
77	RTJT-ZH/Q-001	上海RT企业管理集团制度管理办法	数字科技内控组
78	RTJT-SJ/Q-001	RT集团内部审计管理办法	集团审计部

6.5 审计管理

RT集团在集团总部层面成立了审计部,独立开展审计工作。

1) 审计对象

对 RT 集团本部及子公司经济活动的真实性、合法性、合规性、效益性及内部控制、风险管理的健全性、有效性进行独立、客观的监督和评价。

2) 审计内容

RT 集团审计内容包括财务审计(对各子公司资金、财务制度和财务预算执行情况进行审计监督,对年度财务决算报告出具恰当的审计结论及意见)、管理审计(监督、检查公司内部制度的执行情况)及专项审计(对大额资金使用、重大购销活动、重大资产处理和人力资源成本管理等事项开展的专项审计调查)。

3) 审计工作程序

(1) 制定审计工作计划:审计部于每年初依据工作职责和管理需要,制订年度审计工作计划。

(2) 审计前准备:审计部对被审计单位或审计事项进行初步了解后制订审计工作方案,成立审计工作组;被审计单位应积极配合,做好准备并提供必要的工作条件。

(3) 实施审计:审计人员可以采取检查、观察、询问、监盘、函证、计算、分析性恢复、谈话等方法,取得必要的审计证据,形成审计工作底稿,并依据有关证据对具体的审计事项提出审计意见和结论。

(4) 审计报告:审计终结后,审计组应当及时提交审计报告并向相关领导和部门通报审计情况。

(5) 审计成果利用:审计部根据审计报告或审计结论及时出具审计意见、下达审计决定;建立健全审计报告制度,内部审计信息沟通交流机制;建立健全审计通报制度,对审计过程中发现的重大问题或具有普遍性、倾向性的问题,应在适当范围内进行审计通报;建立健全审计问题责任处理机制,对审计发现的重大违规、违纪等问题,按照管理权限及时移交相关管理部门进行责任追究或处理。

(6) 审计整改:被审计单位应按要求执行审计决定,落实整改,并按规定要求及时反馈执行情况。

(7) 后续审计:审计部对审计成果的利用情况进行跟踪检查,会同有关部门进行督促落实,并对审计决定的执行情况和审计发现问题的整改落实情况进行必要的后续审计。被审计单位对审计决定如有异议,可在收到审计决定之日起 15 日内向审计部提出书面意见,审计部应当及时处理。

(8) 审计资料归档:审计项目终结后,审计部将审计过程中的相关资料进行整理,纳入审计档案管理。